O VALOR
DA CIÊNCIA

Henri Poincaré

O VALOR
DA CIÊNCIA

TRADUÇÃO
Maria Helena Franco Martins

REVISÃO TÉCNICA
Ildeu de Castro Moreira
Instituto de Física da UFRJ

4ª reimpressão

CONTRAPONTO

Título original: *La valeur de la science*

© desta edição, Contraponto Editora, 1995
© da tradução, Maria Helena Franco Martins, 1995

Vedada, nos termos da lei, a reprodução total
ou parcial deste livro sem autorização da editora.

CONTRAPONTO EDITORA LTDA.
Avenida Franklin Roosevelt, 23 Sala 1405
Rio de Janeiro, RJ – CEP 20021-120
Telefax: (21) 2544-0206/2215-6148
Site: www.contrapontoeditora.com.br
E-mail: contrapontoeditora@gmail.com

1ª edição: julho de 1995

4ª reimpressão: setembro de 2011
Tiragem: 2.000 exemplares

Revisão de originais
César Benjamin

Revisão tipográfica
Tereza da Rocha

Projeto gráfico
Regina Ferraz

CIP-BRASIL. CATALOGAÇAO-NA-FONTE
SINDICATO NACIONAL DOS EDITORES DE LIVROS, RJ

P812v   Poincaré, Henri, 1854-1912
       O valor da ciência / Henri Poincaré; tradução Maria
   Helena Franco Martins ; revisão técnica Ildeu de Castro
   Moreira. – Rio de Janeiro: Contraponto, 1995.
       180 p.

       Tradução de: La valeur de la science
       ISBN 978-85-85910-02-0

       1. Ciência – Filosofia. 2. Ciência – História. 1. Título.

                                                 CDD 501
95-1094   CDU 5

Sumário

Cronologia de Henri Poincaré   1

Introdução   5

Primeira parte – As ciências matemáticas   11

I. A intuição e a lógica na matemática   13
II. A medida do tempo   27
III. A noção de espaço   41
IV. O espaço e suas três dimensões   63

Segunda parte – As ciências físicas   87

V. A análise e a física   89
VI. A astronomia   101
VII. A história da física matemática   109
VIII. A crise atual da física matemática   115
IX. O futuro da física matemática   127

Terceira parte – O valor objetivo da ciência   135

X. A ciência é artificial?   137
XI. A ciência e a realidade   157

Cronologia

1854. Jules-Henri Poincaré nasce em Nancy, França, em 29 de abril, filho do médico Léon Poincaré.

1862-1872. Estuda no Liceu de Nancy.

1873-1875. Estuda na Escola Politécnica.

1875. Ingressa na Escola Nacional Superior de Minas.

1879. Completa o doutorado em ciências matemáticas, defendendo tese sobre equações diferenciais. Darboux, integrante da banca, escreve, profeticamente: "É um homem dominado pela intuição. Tendo atingido seus objetivos, não refaz os seus passos, satisfeito por ter aberto o caminho, deixando que outros cuidem de pavimentá-lo." Aprovado, Poincaré é nomeado engenheiro de minas e colocado à disposição do Ministério da Instrução Pública, passando a lecionar na Faculdade de Ciências de Caen.

1881. Torna-se mestre de conferências da Faculdade de Ciências da Universidade de Paris.

1886. Ê nomeado professor de física matemática e de cálculo das probabilidades da Faculdade de Ciências da Universidade de Paris. Assume, pela primeira vez, a presidência da Sociedade Matemática da França (voltaria a fazê-lo em 1900).

1887. Por seus trabalhos em matemática, é eleito membro da Academia de Ciências.

1892. Publica o primeiro volume de *Les Méthodes nouvelles de la mécanique céleste*.

1893. É nomeado engenheiro-chefe de minas. Publica o segundo volume de *Les Méthodes nouvelles de la mécanique céleste*.

1895. Publica *Analysis situs*, tratado pioneiro sobre topologia matemática.

1896. Torna-se professor de astronomia e mecânica celeste da Faculdade de Ciências da Universidade de Paris.

1899. Assume, pela primeira vez, a presidência do Bureau des Longitudes (voltaria a ocupar este cargo em 1909 e 1910). Com um artigo antológico sobre o "problema dos três corpos", ganha o prêmio matemático mais importante da época, instituído pelo rei Oscar II, da Suécia e da Noruega, para trabalhos sobre um sistema gravitacional constituído por n corpos. O tema é relevante para as discussões sobre a estabilidade do sistema solar. Publica o terceiro volume de *Les Méthodes nouvelles de la mécanique céleste*.

1901-1903. Preside a Sociedade Astronômica da França.

1902. Torna-se professor de eletricidade teórica na Escola Profissional Superior dos Correios e Telégrafos. Assume a presidência da Sociedade Francesa de Física. Publica *La Science et l'hypothese*, que causa forte impressão no jovem Einstein.

1904. Torna-se professor de astronomia geral da Escola Politécnica.

1905. Entrega para publicação um importante trabalho, *Sur la dynamique de l'életron*, no qual antecipa vários resultados que serão apresentados por Einstein na teoria da relatividade restrita. Publica *La Valeur de la science*, retomando e aprofundando temas presentes em *La Science et l'hypothese*. Antecipa a ideia de que a velocidade da luz é inultrapassável, discorrendo sobre a necessidade de se criar "uma nova mecânica".

1908. Publica *Science et méthode*, seu terceiro livro de ensaios de divulgação. É eleito membro da Academia Francesa.

1910. É nomeado inspetor-geral de minas.

1911. Publica *Les Sciences et les humanités*, em defesa da cultura literária e da educação clássica.

1912. Depois de uma operação, morre em Paris, em 17 de julho, provavelmente de embolia.

1913. Seus últimos artigos de divulgação em filosofia das ciências são publicados postumamente em *Dernières pensées*.

1916-1956. Sua obra completa, em onze volumes, é publicada pela Academia de Ciências.

· · ·

Em vida, Poincaré publicou cerca de quinhentos trabalhos, principalmente em mecânica celeste, física, eletricidade e em todas as áreas da matemática, pura e aplicada. Foi membro de 35 sociedades científicas de todo o mundo e doutor *honoris causa* de diversas universidades. Recebeu muitos prêmios científicos a partir de 1872. Foi membro de inúmeras comissões e conselhos a partir de 1897. Entre seus livros técnicos, quase sempre baseados em seus cursos, destacam-se *Potentiel et mécanique des fluides* (1886); *Théorie mathématique de la lumière*, t. I (1899) e t. II (1892); *Thermodynamique* (1892); *Électricité et optique*, t. I (1890) e t. II (1891); *Capillarité* (1895); *Leçons sur la théorie de l'élasticité* (1892); *Théorie des tourbillons* (1893); *Les Oscillations électriques* (1895); *Théorie analytique de la propagation de la chaleur* (1895); *Calcul des probabilités* (1896); *Théorie du potential newtonien* (1899); *Électricité et optique: la lumière et les théories életrodynamiques* (1899); *Leçons de mécanique céleste* (1905-1910); *Leçons sur les figures d'équilibre d'une masse fluide* (1900); *Leçons sur les hypothèses cosmogoniques* (1910).

Introdução

A busca da verdade deve ser o objetivo de nossa atividade; é o único fim digno dela. Não há dúvida de que devemos nos esforçar por aliviar os sofrimentos humanos, mas por quê? Não sofrer é um ideal negativo que seria atingido mais seguramente com o aniquilamento do mundo. Se cada vez mais queremos libertar o homem das preocupações materiais, é para que ele possa empregar no estudo e na contemplação da verdade sua liberdade reconquistada. Entretanto, às vezes a verdade nos amedronta. E de fato sabemos que por vezes ela é decepcionante, é um fantasma que só nos aparece para fugir sem cessar, e que é preciso persegui-la até mais e mais adiante, sem jamais conseguir atingi-la. E contudo para agir é preciso parar, αναγχη στηναι, como disse um grego — não sei mais se foi Aristóteles ou outro qualquer. Sabemos também quão cruel muitas vezes ela é, e nos perguntamos se a ilusão não é não só mais consoladora, mas também mais fortalecedora; pois é ela que nos dá a confiança. Quando tiver desaparecido, permanecerá por acaso a esperança, e teremos nós a coragem de agir? É assim que o cavalo atrelado a uma roda de moinho certamente se recusaria a avançar se não tomássemos a precaução de lhe vendar os olhos. Além disso, para buscar a verdade é preciso ser independente, inteiramente independente. Se, ao contrário, desejamos agir, se queremos ser fortes, precisamos estar unidos. Eis por que muitos de nós se amedrontam com a verdade; consideram-na uma causa de fraqueza. E contudo não se deve temê-la, porque só a verdade é bela.

Quando falo aqui da verdade, sem dúvida quero falar primeiro da verdade científica; mas quero falar também da verdade moral, da qual o que chamamos de justiça não é senão um dos aspectos. Parece que abuso das palavras, que reúno sob o mesmo nome dois objetos que nada têm em comum; que a verdade científica, que se demonstra, não pode, de modo algum, aproximar-se da verdade moral, que se sente. Contudo, não posso separá-las, e aqueles que amam uma não podem deixar de amar a outra. Para encontrar uma, assim como para encontrar a outra, é preciso esforçar-se para libertar completamente a alma do preconceito e da paixão, é preciso alcançar a sinceridade absoluta. Essas duas espécies de verdade, uma vez descobertas, irão proporcionar-nos a mesma alegria; tanto uma como a outra, assim que as percebemos, brilham com o mesmo esplendor, de tal modo que devemos vê-las ou fechar os olhos. Ambas, enfim, nos atraem e nos escapam; jamais estão fixas: quando cremos tê-las atingido, vemos que ainda é preciso caminhar, e aquele que as persegue está condenado a jamais conhecer o descanso.

É preciso acrescentar que aqueles que têm medo de uma também terão medo da outra; pois são aqueles que, em todas as situações, preocupam-se antes de tudo com as consequências. Em uma palavra, aproximo as duas verdades porque são as mesmas razões que nos fazem amá-las, e são as mesmas razões que nos fazem temê-las.

Se não devemos ter medo da verdade moral, *a fortiori* não devemos ter medo da verdade científica. E, em primeiro lugar, esta não pode estar em conflito com a moral. A moral e a ciência têm seus domínios próprios, que se tocam mas não se penetram. Uma nos mostra a que fim devemos visar; a outra, sendo dado o fim, nos faz conhecer os meios de atingi-lo. Portanto, jamais podem contrariar-se, uma vez que jamais podem encontrar-se. Não pode haver uma ciência imoral, assim como não pode haver uma moral científica.

Mas se temos medo da ciência, é sobretudo porque esta não pode nos dar a felicidade. É evidente que não, isso ela não pode nos dar, e podemos nos perguntar se o animal não sofre menos que o homem. Mas podemos nós deplorar a perda daquele paraíso terrestre onde o homem, semelhante ao animal irracional, era realmente imortal porque não sabia que devemos morrer? Quando se provou a maçã, nenhum sofrimento pode fazer esquecer seu sabor, retornamos sempre a ele. Poderíamos agir de outro modo? É o mesmo que perguntar se aquele que já enxergou pode tornar-se cego e não sentir saudade da luz. Assim, o homem não pode obter a felicidade por meio da ciência, mas hoje pode bem menos ainda ser feliz sem ela.

Mas se a verdade é o único fim que merece ser perseguido, podemos nós esperar atingi-lo? Eis aí algo de que se pode duvidar. Os leitores do meu pequeno livro *A ciência e a hipótese** já sabem o que penso sobre isso. A verdade que nos é permitido entrever não é exatamente o que a maioria dos homens chama por esse nome. Quer isso dizer que nossa aspiração mais legítima e mais imperiosa é ao mesmo tempo a mais vã? Ou então, apesar de tudo, podemos nos aproximar da verdade por algum lado? É o que convém examinar.

Antes de mais nada, de que instrumento dispomos para essa conquista? A inteligência do homem, ou mais especificamente a inteligência do cientista, não é suscetível de uma infinita variedade? Sem esgotar esse assunto, poderíamos escrever vários volumes; não fiz mais que aflorá-lo, em algumas curtas páginas. Que o espírito do matemático se parece pouco com o do físico ou do naturalista, todos hão de convir; mas os próprios matemáticos não se parecem entre si; uns só conhecem a implacável lógica, outros recorrem à intuição e veem nesta a fonte única da descoberta. E aí estaria um motivo de desconfiança. A espíritos tão díspares poderão os próprios teoremas matemáticos aparecer sob a mesma luz? A verdade que não é a mesma para todos será a verdade? Mas, olhando as coisas com mais atenção, vemos como esses trabalhadores tão diferentes colaboram numa obra comum que não se poderia realizar sem seu concurso. E isso já nos tranquiliza.

Em seguida, é preciso examinar os quadros nos quais a natureza nos parece encerrada, e que chamamos de tempo e espaço. Em *A ciência e a hipótese*, já mostrei quão relativo é seu valor; não é a natureza que os impõe a nós, somos nós que os impomos à natureza porque os achamos cômodos, mas quase só falei do espaço, e sobretudo do espaço por assim dizer quantitativo, isto é, das relações matemáticas cujo conjunto constitui a geometria. Era necessário mostrar que com o tempo ocorre o mesmo que com o espaço, e que também ocorre o mesmo com o "espaço qualitativo"; era preciso

---

* Edição brasileira, Editora Universidade de Brasília, 1984.

especialmente investigar por que atribuímos três dimensões ao espaço. Que me perdoem se volto uma vez mais a essas importantes questões.

A análise matemática, cujo objeto principal é o estudo desses quadros vazios, não será, portanto, mais que um jogo inútil do espírito? Ela só pode dar ao físico uma linguagem cômoda; não será esse um serviço medíocre, do qual se poderia até prescindir? E não será até mesmo o caso de temer que essa linguagem artificial seja um véu interposto entre a realidade e o olho do físico? Longe disso: sem essa linguagem, a maior parte das analogias íntimas das coisas permaneceria para sempre fora do nosso conhecimento; e teríamos sempre ignorado a harmonia interna do mundo, que é, como veremos, a única verdadeira realidade objetiva.

A melhor expressão dessa harmonia é a lei. A lei é uma das mais recentes conquistas do espírito humano; ainda há povos que vivem num milagre perpétuo e que não se espantam com isso. Somos nós, ao contrário, que deveríamos nos espantar com a regularidade da natureza. Os homens pedem a seus deuses que provem sua existência com milagres; mas a maravilha eterna é o fato de não haver milagres a todo instante. E é por isso que o mundo é divino, já que é por isso que ele é harmonioso. Se fosse regido pelo capricho, o que nos provaria que não é regido pelo acaso?

É à astronomia que devemos essa conquista da lei, e é isso que faz a grandeza dessa ciência, mais ainda que a grandeza material dos objetos que ela considera.

Era muito natural, portanto, que a mecânica celeste fosse o primeiro modelo da física matemática; desde então, entretanto, esta ciência evoluiu; ainda evolui, evolui mesmo rapidamente. E já é necessário modificar em alguns pontos o quadro que eu traçava em 1900, e do qual tirei dois capítulos de *A ciência e a hipótese*. Numa conferência feita na Exposição de Saint-Louis em 1904, procurei avaliar o caminho percorrido; o leitor verá mais adiante qual foi o resultado dessa investigação.

Os progressos da ciência parecem pôr em perigo os mais estabelecidos princípios, inclusive aqueles que eram encarados como fundamentais. Nada prova, contudo, que não se chegará a salvá-los;

e mesmo que só se consiga fazê-lo imperfeitamente, ainda subsistirão, embora transformados. Não devemos comparar a marcha da ciência com as transformações de uma cidade, onde os edifícios envelhecidos são impiedosamente demolidos para dar lugar às novas construções, e sim com a evolução contínua dos tipos zoológicos que se desenvolvem sem cessar e acabam por se tornar irreconhecíveis aos olhares comuns, mas onde um olho experimentado reencontra sempre os vestígios do trabalho anterior dos séculos passados. Não se deve crer, pois, que as teorias antiquadas são estéreis e vãs.

Se parássemos aqui, encontraríamos nestas páginas algumas razões para ter confiança no valor da ciência, mas razões muito mais numerosas para desconfiar dela; restar-nos-ia uma impressão de dúvida; é preciso agora recolocar as coisas em seu devido lugar.

Algumas pessoas exageraram o papel da convenção na ciência; chegaram até a dizer que a lei e o próprio fato científico são criados pelo cientista. Isso significa ir muito longe na via do nominalismo. Não, as leis científicas não são criações artificiais; não temos nenhuma razão para vê-las como contingentes, embora nos seja impossível demonstrar que não o são.

Essa harmonia que a inteligência humana crê descobrir na natureza existirá fora dessa inteligência? Não, sem dúvida é impossível uma realidade completamente independente do espírito que a concebe, vê ou sente. Um mundo assim tão exterior, se acaso existisse, ser-nos-ia para sempre inacessível. Mas o que chamamos de realidade objetiva é, em última análise, o que é comum a muitos seres pensantes, e poderia ser comum a todos; essa parte comum, como veremos, só pode ser a harmonia expressa por leis matemáticas.

É portanto essa harmonia a única realidade objetiva, a única verdade que podemos atingir; e se acrescento que a harmonia universal do mundo é a fonte de toda beleza, será possível compreender o valor que devemos atribuir aos lentos e penosos progressos que nos fazem, pouco a pouco, conhecê-la melhor.

PRIMEIRA PARTE

AS CIÊNCIAS MATEMÁTICAS

CAPÍTULO I
A intuição e a lógica na matemática

I. É impossível estudar as obras dos grandes matemáticos, e mesmo as dos pequenos, sem notar e sem distinguir duas tendências opostas, ou antes, dois tipos de espíritos inteiramente diferentes. Uns estão, antes de tudo, preocupados com a lógica; ao ler suas obras, somos tentados a crer que só avançaram passo a passo, com o método de um Vauban, que investe com seus trabalhos de abordagem contra uma praça forte, sem abandonar o que quer que seja ao acaso. Outros se deixam guiar pela intuição, e na primeira investida fazem conquistas rápidas, mas algumas vezes precárias, como se fossem ousados cavaleiros na linha de frente.

Não é a matéria de que tratam que lhes impõe um ou outro método. Se dos primeiros dizemos amiúde que são *analistas*, e se chamamos os outros de *geômetras*, isso não impede que uns permaneçam analistas mesmo quando fazem geometria, enquanto os outros continuam a ser geômetras, mesmo que se ocupem de análise pura. É a própria natureza de seu espírito que os faz lógicos ou intuitivos, e dela não se podem desvencilhar quando abordam um assunto novo.

Também não foi a educação que desenvolveu neles uma das duas tendências, abafando a outra. O indivíduo nasce matemático, não se torna matemático, e parece também que nasce geômetra ou nasce analista.

Gostaria de citar exemplos, e na verdade eles não me faltam; mas, para acentuar o contraste, gostaria de começar por um exemplo extremo; perdão se sou obrigado a buscá-lo junto a dois matemáticos vivos.

O sr. Méray quer demonstrar que uma equação binomial tem sempre uma raiz ou, em termos vulgares, que se pode sempre subdividir um ângulo. Se existe uma verdade que cremos conhecer por intuição direta, é esta. Quem duvidará que um ângulo pode sempre ser dividido em um número qualquer de partes iguais? O sr. Méray não pensa assim; a seu ver, esta proposição de modo algum é evidente, e para demonstrá-la lhe são necessárias muitas páginas.

Vejam, ao contrário, o sr. Klein: estuda uma das questões mais abstratas da teoria das funções; trata-se de saber se numa determinada superfície de Riemann existe sempre uma função que admite singularidades dadas. Que faz o célebre geômetra alemão? Substitui sua superfície de Riemann por uma superfície metálica cuja condutibilidade elétrica varia segundo certas leis. Põe dois de seus pontos em cantato com os dois polos de uma pilha. A corrente deverá passar — diz ele —, e o modo como essa corrente se distribuir na superfície definirá uma função cujas singularidades serão precisamente aquelas que são previstas pelo enunciado.

Sem dúvida, o sr. Klein bem sabe que ofereceu assim apenas uma abordagem sumária: de qualquer modo, não hesitou em publicá-la; e provavelmente acreditava encontrar aí, senão uma demonstração rigorosa, ao menos alguma certeza moral. Um lógico teria rejeitado com horror uma tal concepção, ou antes não teria que rejeitá-la, pois em seu espírito ela jamais poderia ter nascido.

Permitam-me ainda comparar dois homens que honram a ciência francesa e que recentemente foram arrebatados do nosso convívio, embora já houvessem entrado há muito tempo na imortalidade. Falo do sr. Bertrand e do sr. Hermite. Foram ao mesmo tempo alunos da mesma escola; tiveram a mesma educação, as mesmas influências; e contudo, que divergência! Não é só nos seus escritos que a vemos eclodir; é em seu ensino, em seu modo de falar, até mesmo em seu aspecto. Essas duas fisionomias gravaram-se com traços indeléveis na memória de todos os alunos; para aqueles que tiveram a felicidade de frequentar suas aulas, essa lembrança ainda é muito recente; para nós é fácil evocá-la.

Enquanto fala, o sr. Bertrand está sempre em ação; ora parece às voltas com algum inimigo externo, ora desenha com um gesto da mão as figuras que estuda. Evidentemente vê, e busca representar: é por isso que recorre ao gesto. Quanto ao sr. Hermite, é exatamente o contrário; seus olhos parecem fugir ao contato do mundo; não é fora, é dentro que procura a visão da verdade.

Entre os geômetras alemães deste século,* dois nomes são especialmente ilustres; são aqueles dos dois cientistas que fundaram a teoria geral das funções — Weierstrass e Riemann. Weierstrass reduz tudo à consideração das séries e a suas transformações analíticas; melhor dizendo, reduz a análise a uma espécie de prolongamento da aritmética; podem-se percorrer todos os seus livros sem neles encontrar uma figura. Riemann, ao contrário, recorre à geometria: cada uma de suas concepções é uma imagem que, uma vez compreendido seu sentido, ninguém pode esquecer.

Mais recentemente, Lie era um intuitivo; poderíamos ter hesitado ao ler suas obras, porém não mais hesitávamos depois de conversar com ele; via-se logo que pensava em imagens. A sra. Kowalevski era uma lógica.

Entre nossos estudantes notamos as mesmas diferenças; uns preferem tratar seus problemas "pela análise", outros "pela geometria". Os primeiros são incapazes de "ver no espaço", e os outros prontamente se cansariam dos longos cálculos e neles se enredariam.

Os dois tipos de espíritos são igualmente necessários aos progressos da ciência; os lógicos, assim como os intuitivos, fizeram grandes coisas que os outros não poderiam ter feito. Quem ousaria dizer que preferiria que Weierstrass jamais tivesse escrito, ou que Riemann nunca tivesse existido? Portanto, a análise e a síntese têm ambas um papel legítimo. Mas é interessante estudar com mais atenção qual é o papel que cabe a uma e a outra na história da ciência.

II. Curioso! Se relermos as obras dos antigos, seremos tentados a classificá-los todos entre os intuitivos. E contudo a natureza é sempre a mesma, e é pouco provável que ela tenha começado a criar neste século espíritos amigos da lógica.

Se pudéssemos nos colocar de novo na corrente de ideias que reinavam no tempo deles, veríamos que muitos daqueles velhos geômetras, por suas tendências, eram analista. Euclides, por exemplo, edificou uma estrutura científica na qual seus contemporâneos não podiam encontrar defeito. Nessa vasta construção, da qual cada

---

* A referência, evidentemente, é ao século XIX. (N. da T.)

peça, contudo, deve-se à intuição, podemos ainda hoje, sem demasiado esforço, reconhecer a obra de um lógico.

Não foram os espíritos que mudaram, foram as ideias; os espíritos intuitivos permaneceram os mesmos; mas seus leitores exigiram deles mais concessões.

Qual a razão dessa evolução? Não é difícil descobri-la. A intuição não pode nos dar o rigor, nem mesmo a certeza; percebemos isso cada vez mais.

Citemos alguns exemplos. Sabemos que existem funções contínuas desprovidas de derivadas. Nada mais chocante para a intuição do que essa proposição que nos é imposta pela lógica. Nossos antepassados não teriam deixado de dizer: "É evidente que toda função contínua tem uma derivada, já que toda curva tem uma tangente."

Como pode a intuição nos enganar a tal ponto? É que quando procuramos imaginar uma curva, não podemos representá-la sem espessura; do mesmo modo, quando representamos uma reta, vemo-la sob a forma de uma faixa retilínea dotada de uma certa largura. Sabemos bem que essas linhas não têm espessura; esforçamo-nos por imaginá-las cada vez mais finas, e por nos aproximarmos assim do limite; conseguimos isso numa certa medida, mas jamais atingiremos esse limite.

Então é claro que poderemos sempre representar essas duas faixas estreitas — uma retilínea e a outra curvilínea — numa posição tal que as duas se invadam ligeiramente, sem se cruzarem.

Assim, a menos que sejamos advertidos por uma análise rigorosa, seremos levados a concluir que uma curva tem sempre uma tangente.

Tomarei como segundo exemplo o princípio de Dirichlet no qual se baseiam tantos teoremas da física matemática. Hoje o estabelecemos através de raciocínios muito rigorosos, mas muito longos; outrora, ao contrário, contentávamo-nos com uma demonstração sumária. Uma certa integral que depende de uma função arbitrária jamais pode anular-se. Daí se concluía que ela deve ter um mínimo. A falha desse raciocínio nos aparece imediatamente, porque empregamos o termo abstrato *função*, e porque estamos familiarizados com todas as singularidades que podem apresentar as funções quando consideramos essa palavra no sentido mais geral.

Mas não ocorreria o mesmo se tivéssemos utilizado imagens concretas; se, por exemplo, tivéssemos considerado essa função como um potencial elétrico, poderíamos ter julgado legítimo afirmar que o equilíbrio eletrostático pode ser atingido. Contudo, talvez uma comparação física tivesse despertado algumas vagas desconfianças. Mas se tivéssemos tomado o cuidado de traduzir o raciocínio para a linguagem da geometria, intermediária entre a da análise e a da física, provavelmente essas desconfianças não teriam ocorrido, e talvez assim pudéssemos, mesmo hoje, enganar muitos leitores não prevenidos.

A intuição, portanto, não nos dá a certeza. Eis por que a evolução devia realizar-se; vejamos agora como ela se realizou.

Logo percebeu-se que o rigor não poderia introduzir-se nos raciocínios se não entrasse primeiro nas definições.

Por muito tempo os objetos de que se ocupam os matemáticos eram em sua maioria mal definidos; julgavam conhecê-los, porque os representavam com os sentidos ou com a imaginação; mas deles só tinham uma imagem grosseira, não uma ideia precisa sobre a qual o raciocínio pudesse atuar.

Foi nessa direção que, de início, os lógicos tiveram que concentrar seus esforços.

É o caso do número incomensurável.

A ideia vaga de continuidade, que devíamos à intuição, resolveu-se num sistema complicado de desigualdades que envolvem números inteiros.

Desse modo, as dificuldades provenientes das passagens ao limite, ou da consideração dos infinitamente pequenos, foram definitivamente esclarecidas.

Hoje em dia, na análise, não restam mais que números inteiros, ou sistemas finitos ou infinitos de números inteiros, ligados entre si por uma rede de relações de igualdade ou desigualdade.

A matemática, como se diz, aritmetizou-se.

III. Surge uma primeira questão. Estará essa evolução terminada? Teremos atingido enfim o rigor absoluto? A cada estágio da evolução, nossos antepassados julgavam também tê-lo atingido. Se estavam enganados, não estaremos também nós enganados, como eles?

Julgamos em nossos raciocínios não mais recorrer à intuição; os filósofos nos dirão que isso é uma ilusão. A lógica inteiramente pura nos levaria sempre a tautologias; não poderia criar coisas novas; não é dela sozinha que se pode originar qualquer ciência.

Esses filósofos têm razão, num sentido; para fazer aritmética, assim como para fazer geometria, ou para fazer qualquer ciência, é preciso algo mais que a lógica pura. Para designar essa outra coisa, não temos outra palavra senão *intuição*. Mas quantas ideias diferentes se escondem sob essas mesmas palavras?

Comparemos estes quatro axiomas:

1º – Duas quantidades iguais a uma terceira são iguais entre si.

2º – Se um teorema é verdadeiro para o número 1, e se demonstramos que ele é verdadeiro para $n + 1$, contanto que o seja para n, será verdadeiro para todos os números inteiros.

3º – Se, numa reta, o ponto C está entre A e B, e o ponto D entre A e C, o ponto D estará entre A e B.

4º – Por um ponto, só podemos fazer passar uma paralela a uma reta dada.

Os quatro devem ser atribuídos à intuição. Contudo, o primeiro é o enunciado de uma das regras da lógica formal; o segundo é um verdadeiro juízo sintético *a priori*, é o fundamento da indução matemática rigorosa; o terceiro é um apelo à imaginação; o quarto é uma definição disfarçada.

A intuição não está forçosamente fundada no testemunho dos sentidos; os sentidos logo se tornariam impotentes; não podemos, por exemplo, representar o quiliógono,* e contudo raciocinamos por intuição sobre os polígonos em geral, que compreendem o quiliógono como caso particular.

Os senhores sabem o que Poncelet entendia por *princípio de continuidade*. O que é verdadeiro para uma quantidade real — dizia Poncelet — deve sê-lo para uma quantidade imaginária; o que é verdadeiro para a hipérbole, cujas assíntotas são reais, é portanto verdadeiro para a elipse, cujas assíntotas são imaginárias. Poncelet era um dos espíritos mais intuitivos deste século; ele o era com paixão, quase

---

* Polígono regular de mil lados. (N. da T.)

com ostentação; considerava o princípio de continuidade uma de suas concepções mais ousadas, e contudo esse princípio não se baseava no testemunho dos sentidos; associar a hipérbole à elipse era antes contradizer esse testemunho. Havia aí apenas uma espécie de generalização precipitada e instintiva, que aliás não quero defender.

Temos, pois, várias espécies de intuição; primeiro, o apelo aos sentidos e à imaginação; em seguida, a generalização por indução, por assim dizer calcada nos procedimentos das ciências experimentais; temos, enfim, a intuição do número puro, aquela de onde se originou o segundo dos axiomas que acabo de enunciar, e que pode engendrar o verdadeiro raciocínio matemático.

As duas primeiras não podem nos dar a certeza, como mostrei acima com exemplos; mas quem duvidará seriamente da terceira, quem duvidará da aritmética?

Ora, na análise de hoje, quando queremos nos dar ao trabalho de ser rigorosos, não há mais que silogismos ou apelos a essa intuição do número puro, a única que não pode nos enganar. Pode-se dizer que hoje o rigor absoluto foi atingido.

IV. Os filósofos fazem ainda outra objeção: "O que os senhores ganham em rigor", dizem eles, "perdem em objetividade. Só podem elevar-se ao ideal lógico cortando os elos que os ligam à realidade. Sua ciência é impecável, mas só pode continuar a sê-lo encerrando-se numa torre de marfim e se interditando toda relação com o mundo exterior. Será necessário sair dessa torre, se quiser tentar a menor aplicação."

Quero demonstrar, por exemplo, que tal propriedade pertence a tal objeto, cuja noção me parece inicialmente indefinível, porque é intuitiva. De início fracasso, ou devo contentar-me com demonstrações por aproximação; decido-me enfim a dar ao meu objeto uma definição precisa, o que me permite estabelecer essa propriedade de maneira irrepreensível.

"E depois?", dizem os filósofos. "Resta ainda mostrar que o objeto que corresponde a essa definição é realmente o mesmo que a intuição os fez conhecer; ou então, ainda, que tal objeto real e concreto, cuja conformidade com sua ideia intuitiva os senhores julgavam reconhecer imediatamente, corresponde mesmo à nova definição que dele deram. Só então poderão afirmar que ele goza da propriedade em questão. Não terão feito mais que deslocar a dificuldade."

Isso não é exato; não deslocamos a dificuldade, dividimo-la. A proposição que se tratava de estabelecer compunha-se na realidade de duas verdades diferentes, mas que logo no começo não havíamos distinguido. A primeira era uma verdade matemática, e agora ela está rigorosamente estabelecida. A segunda era uma verdade experimental. Só a experiência pode nos informar se tal objeto real e concreto corresponde ou não a tal definição abstrata. Essa segunda verdade não é demonstrada matematicamente, mas não pode sê-lo, assim como não podem sê-lo as leis empíricas das ciências físicas e naturais. Seria despropositado pedir mais.

Pois bem! Não será um grande progresso ter distinguido o que por tanto tempo, erradamente, confundíramos?

Seria o caso de dizer que nada há a reter dessa objeção dos filósofos? Não é isso o que quero dizer; ao se tornar rigorosa, a ciência matemática assume um caráter artificial que surpreenderá a todos; esquece suas origens históricas; vê-se como as questões podem resolver-se, não se vê mais como e por que elas surgem.

Isso nos mostra que a lógica não basta; que a ciência da demonstração não é a ciência inteira, e que a intuição deve conservar seu papel como complemento, quase se poderia dizer como contrapeso ou como antídoto da lógica.

Já tive oportunidade de discorrer sobre o lugar que a intuição deve guardar no ensino das ciências matemáticas. Sem ela, os jovens espíritos não poderiam iniciar-se na inteligência da matemática; não aprenderiam a amá-la, e só veriam nela uma vã logomaquia; sem a intuição, sobretudo, jamais se tornariam capazes de aplicá-la.

Mas hoje, antes de tudo, é sobre o papel da intuição na própria ciência que eu gostaria de falar. Se é útil ao estudante, ela o é mais ainda ao cientista criador.

V. Buscamos a realidade, mas o que é a realidade?
Os fisiologistas nos ensinam que os organismos são formados de células; os químicos acrescentam que as próprias células são formadas

de átomos. Isso quer dizer que esses átomos ou essas células constituem a realidade, ou ao menos a única realidade? O modo pelo qual essas células são arranjadas, de que resulta a unidade do indivíduo, não será também uma realidade, muito mais interessante que a dos elementos isolados? E um naturalista que só em microscópios tivesse estudado o elefante, julgaria conhecer suficientemente esse animal?

Pois bem! Na matemática há algo semelhante. O lógico decompõe, por assim dizer, cada demonstração em um enorme número de operações elementares; quando tivermos examinado essas operações uma após outra, e tivermos constatado que cada uma delas é correta, poderemos julgar ter compreendido o verdadeiro sentido da demonstração? Teremos mesmo compreendido essa demonstração quando, por um esforço de memória, formos capazes de repeti-la, reproduzindo todas essas operações elementares na mesma ordem em que o inventor as dispusera?

É evidente que não, ainda não possuiremos a realidade inteira; aquele não sei quê que faz a unidade da demonstração nos escapará completamente.

A análise pura põe à nossa disposição uma quantidade de procedimentos cuja infalibilidade ela nos garante; abre-nos mil caminhos diferentes, onde podemos nos embrenhar com toda a confiança; garante-nos que não encontraremos obstáculos neles; mas, de todos esses caminhos, qual será aquele que nos levará mais prontamente ao fim? Quem nos dirá qual deles é preciso escolher? Necessitamos de uma faculdade que nos faça ver o fim de longe, e essa faculdade é a intuição. Ela é necessária ao explorador para que possa escolher sua rota, e não o é menos àquele que o segue e deseja saber por que escolheu tal rota.

Se os senhores assistem a uma partida de xadrez, para compreender a partida, não lhes bastará saber as regras da marcha das pedras. Isso lhes permitiria apenas reconhecer que cada lance foi jogado em conformidade com aquelas regras, e essa vantagem realmente teria bem pouco valor. Entretanto, isso é o que faria o leitor de um livro de matemática, se ele fosse apenas lógico. Compreender a partida é algo inteiramente diferente; é saber por que o jogador avança determinada peça em vez de outra, que poderia ter movido sem violar as regras do jogo. É perceber a razão íntima que faz dessa série de lances sucessivos uma espécie de todo organizado. *A fortiori*, essa faculdade é necessária ao próprio jogador, isto é, ao inventor.

Deixemos de lado essa comparação e voltemos à matemática.

Vejamos o que aconteceu, por exemplo, no que diz respeito à ideia de função contínua. No início era apenas uma imagem sensível — por exemplo, a de um traço contínuo riscado a giz num quadro-negro. Depois depurou-se pouco a pouco, e logo foi utilizada para construir um sistema complicado de desigualdades, que reproduzia todas as linhas da imagem primitiva; quando essa construção terminou, *descimbrou-se*, por assim dizer, rejeitou-se essa representação grosseira que lhe servira momentaneamente de apoio, e que daí em diante era inútil; só restou a própria construção, irrepreensível aos olhos do lógico. E contudo, se a imagem primitiva desaparecera totalmente de nossa lembrança, como adivinharíamos por que capricho todas essas desigualdades se estruturaram daquele modo umas sobre as outras?

Julgarão talvez que abuso das comparações; concedam-me contudo mais uma. Provavelmente já viram esses conjuntos delicados de espinhas siliciosas que formam o esqueleto de certas esponjas. Quando desaparece a matéria orgânica, só resta uma frágil e elegante renda. É verdade que ali não há só silício, mas o que é interessante é a forma que esse silício tomou, e não podemos entendê-la se não conhecemos a esponja viva que precisamente lhe imprimiu essa forma. É assim que as antigas noções intuitivas de nossos antepassados, mesmo quando já abandonadas, ainda imprimem sua forma às construções lógicas que colocamos em seu lugar.

Essa visão de conjunto é necessária ao inventor; é igualmente necessária àquele que deseja realmente compreender o inventor; poderá a lógica oferecê-la a nós?

Não; o nome que os matemáticos lhe dão bastaria para prová-lo. Em matemática, a lógica se chama *análise*, e análise quer dizer *divisão*, *dissecção*. Portanto, não pode ter outra ferramenta que não o escalpelo e o microscópio.

Assim, a lógica e a intuição têm cada uma seu papel necessário. Ambas são indispensáveis. A lógica, a única que pode dar a certeza, é o instrumento da demonstração; a intuição é o instrumento da invenção.

VI. Mas, no momento de formular essa conclusão, sou tomado de um escrúpulo.

No início, distingui dois tipos de espíritos matemáticos: uns lógicos e analistas, outros intuitivos e geômetras. Pois bem, os analistas também foram inventores. Os nomes que citei ainda há pouco me dispensam de insistir.

Há aí uma contradição ao menos aparente, que é necessário explicar.

Antes de mais nada, pode-se pensar que esses lógicos sempre procederam do geral para o particular, como as regras da lógica formal pareciam obrigá-los? Não seria assim que teriam ampliado as fronteiras da ciência; só se pode fazer conquista científica por meio da generalização.

Em um dos capítulos de *A ciência e a hipótese*, tive a oportunidade de estudar a natureza do raciocínio matemático, e mostrei como esse raciocínio, sem deixar de ser absolutamente rigoroso, podia nos elevar do particular ao geral por um procedimento que chamei de *indução matemática*.

Foi por esse procedimento que os analistas fizeram a ciência progredir, e se examinarmos o próprio detalhe de suas demonstrações, ali iremos encontrá-lo a cada momento, ao lado do silogismo clássico de Aristóteles.

Já vemos, pois, que os analistas não são simplesmente fabricantes de silogismos à maneira dos escolásticos.

Além disso, podemos pensar que eles sempre caminharam passo a passo, sem ter a visão do fim que desejavam atingir? Foi mesmo necessário que adivinhassem o caminho que a ele conduzia, e para isso precisaram de um guia.

De início, esse guia é a analogia.

Por exemplo, um dos raciocínios caros aos analistas é aquele que se baseia no emprego das funções maximizantes. Sabe-se que já serviu para resolver uma quantidade de problemas; em que consiste então o papel do inventor que deseja aplicá-lo a um problema novo?

De início, é preciso que ele reconheça a analogia dessa questão com aquelas que já foram resolvidas por esse método; em seguida, é preciso que perceba em que essa nova questão difere das outras, e que daí deduza as modificações que é necessário levar ao método.

Mas como se percebem essas analogias e essas diferenças?

No exemplo que acabo de citar, elas são quase sempre evidentes, mas eu poderia ter encontrado outros onde teriam ficado muito mais ocultas; muitas vezes, para descobri-las, é preciso ter uma perspicácia pouco comum.

Para não deixar escapar essas analogias ocultas, isto é, para poder ser inventores, os analistas devem, sem a ajuda dos sentidos e da imaginação, ter a percepção direta daquilo que constitui a unidade de um raciocínio, daquilo que constitui, por assim dizer, sua alma e sua vida íntima.

Quando se conversava com o sr. Hermite, jamais ele evocava uma imagem sensível, e contudo logo se percebia que as entidades mais abstratas eram para ele como seres vivos. Não as via, mas sentia que elas não eram um agrupamento artificial, e que tinham algum princípio de unidade interna.

Mas — dir-se-á — isso é também intuição. Concluiremos então que a distinção feita no início não passava de aparência, que há apenas um tipo de espírito e que todos os matemáticos são intuitivos, ao menos aqueles que são capazes de inventar?

Não, nossa distinção corresponde a algo real. Eu disse acima que há muitas espécies de intuição. Disse quanto a intuição do número puro, aquela da qual pode provir a indução matemática rigorosa, difere da intuição sensível, que depende unicamente da imaginação propriamente dita.

O abismo que as separa será menos profundo do que parece a princípio? Seria possível perceber, com um pouco de atenção, que essa intuição pura, ela mesma, não poderia prescindir da ajuda dos sentidos? Isso é problema do psicólogo e do metafísico, e não discutirei essa questão.

Mas basta que a coisa seja duvidosa para que eu tenha o direito de reconhecer e de afirmar uma divergência essencial entre as duas espécies de intuição; elas não têm o mesmo objeto e parecem pôr em jogo duas faculdades diferentes de nossa alma; dir-se-ia dois projetores apontados para dois mundos estranhos um ao outro.

É a intuição do número puro, a das formas lógicas e puras, que ilumina e dirige aqueles que chamamos de *analistas*.

É ela que lhes permite não só demonstrar, mas também inventar. É por ela que percebem com um breve olhar o plano geral de um edifício lógico, e isso sem que os sentidos pareçam intervir.

Rejeitando a ajuda da imaginação, que, como vimos, nem sempre é infalível, podem avançar sem medo de se enganar. Felizes, pois, aqueles que podem prescindir desse apoio! Devemos admirá-los, mas como são raros!

No que se refere aos analistas, haverá portanto inventores, mas poucos.

A maioria de nós, se quisesse ver de longe unicamente pela intuição pura, iria sentir-se logo acometida de vertigem. A fraqueza destes tem necessidade de um bastão mais sólido e, apesar das exceções de que acabamos de falar, não é menos verdade que a intuição sensível é, na matemática, o instrumento mais comum da invenção. A propósito das últimas reflexões que acabo de fazer, apresenta-se uma questão que não tenho tempo de resolver nem sequer de enunciar com os desdobramentos que ela comportaria.

Caberá fazer um novo corte e distinguir entre os analistas aqueles que se servem sobretudo dessa intuição pura e aqueles que se preocupam antes de mais nada com a lógica formal?

O sr. Hermite, que acabo de citar, por exemplo, não pode ser classificado entre os geômetras que fazem uso da intuição sensível; mas também não é um lógico propriamente dito. Não esconde sua repulsa pelos procedimentos puramente dedutivos que partem do geral para chegar ao particular.

CAPÍTULO II
A medida do tempo

I. Enquanto não se sai do domínio da consciência, a noção de tempo é relativamente clara. Não só distinguimos sem dificuldade a sensação presente da lembrança das sensações passadas ou da previsão das sensações futuras, como também sabemos perfeitamente o que queremos dizer quando afirmamos que, de dois fenômenos conscientes dos quais conservamos a lembrança, um foi anterior ao outro; ou então que, de dois fenômenos conscientes previstos, um será anterior ao outro.

Quando dizemos que dois fatos conscientes são simultâneos, queremos dizer que eles se interpenetram profundamente, de tal modo que a análise não pode separá-los sem mutilá-los.

A ordem na qual dispomos os fenômenos conscientes não comporta qualquer arbitrariedade. Ela nos é imposta e não podemos mudá-la.

Só tenho uma observação a acrescentar. Para que um conjunto de sensações se torne uma lembrança suscetível de ser classificada no tempo, é preciso que tenha cessado de ser atual, que tenhamos perdido o sentido de sua infinita complexidade, sem o que teria permanecido atual. É preciso que ele tenha, por assim dizer, cristalizado em torno de um centro de associações de ideias que será como uma espécie de etiqueta. Só poderemos classificar nossas lembranças no tempo quando estas tiverem, assim, perdido toda vida — do mesmo modo que um botânico arruma em seu herbário as flores dessecadas.

Mas essas etiquetas só podem ser em número finito. Assim sendo, o tempo psicológico seria descontínuo. De onde vem a sensação de que entre dois instantes quaisquer há outros instantes? Classificamos nossas lembranças no tempo, mas sabemos que restam compartimentos vazios. Como isso seria possível, se o tempo não fosse uma forma preexistente em nosso espírito? Como saberíamos que existem compartimentos vazios, se esses compartimentos só nos fossem revelados por seu conteúdo?

II. Mas não é só isso; nessa forma queremos fazer entrar não só os fenômenos de nossa consciência, mas também aqueles dos quais as outras consciências são o teatro. Mais ainda, queremos fazer entrar nela os fatos físicos, esses não sei quê com os quais povoamos o espaço, e que nenhuma consciência vê diretamente. É algo bem necessário, pois sem isso a ciência não poderia existir. Em uma palavra, o tempo psicológico nos é dado, e queremos criar o tempo científico e físico. É aí que começa a dificuldade, ou antes as dificuldades, pois há duas.

Eis duas consciências que são como dois mundos impenetráveis entre si. Com que direito queremos fazê-las entrar num mesmo molde, medi-las com a mesma toesa? Não seria o mesmo que desejar medir com um grama, ou pesar com um metro?

E além disso, por que falamos de medida? Sabemos talvez que um determinado fato é anterior a um outro, mas não *quanto* ele é anterior.

Portanto, duas dificuldades:

1º – Podemos nós transformar o tempo psicológico, que é qualitativo, em tempo quantitativo?

2º – Podemos nós reduzir à mesma medida fatos que se passam em mundos diferentes?

III. A primeira dificuldade já foi notada há muito tempo; constituiu o objeto de longas discussões, e pode-se dizer que a questão está encerrada.

Não temos a intuição direta da igualdade de dois intervalos de tempo. As pessoas que creem possuir essa intuição são vítimas de uma ilusão.

Quando digo que do meio-dia à uma hora passou o mesmo tempo que das duas às três horas, que sentido tem essa afirmação?

A mais breve reflexão mostra que não tem nenhum por si mesma. Só terá aquele que eu tiver vontade de lhe dar, por uma definição que certamente comportará certo grau de arbitrariedade.

Os psicólogos poderiam ter prescindido dessa definição; os físicos e os astrônomos, não; vejamos como se saíram.

Para medir o tempo, servem-se do pêndulo e admitem, por definição, que todas as oscilações desse pêndulo têm igual duração. Mas essa é apenas uma primeira aproximação; a temperatura, a resistência do ar e a pressão barométrica fazem variar a marcha do pêndulo. Se escapássemos a essas causas de erro, obteríamos uma aproximação muito maior, mas ainda não seria mais que uma aproximação. Causas novas, até aqui negligenciadas — elétricas, magnéticas ou outras —, viriam trazer pequenas perturbações.

De fato, os melhores relógios devem ser acertados de vez em quando, e os acertos se fazem com o auxílio das observações astronômicas; arranjamo-nos para que o relógio sideral marque a mesma hora quando a mesma estrela passa no meridiano. Em outros termos, é o dia sideral, isto é, a duração da rotação da Terra, a unidade constante do tempo. Admite-se, por uma nova definição que substitui a que é tirada dos batimentos do pêndulo, que duas rotações completas da Terra em torno de seu eixo têm a mesma duração.

Contudo os astrônomos ainda não se contentaram com essa definição. Muitos deles pensam que as marés agem como um freio sobre nosso globo, e que a rotação da Terra se torna cada vez mais lenta. Assim se explicaria a aceleração aparente do movimento da Lua, que pareceria andar mais rápido do que lhe permite a teoria, porque nosso relógio, que é a Terra, atrasaria.

IV. Tudo isso importa pouco, dirão. Sem dúvida nossos instrumentos de medida são imperfeitos, mas basta que possamos conceber um instrumento perfeito. Esse ideal não poderá ser atingido, mas bastará tê-lo concebido, e ter assim introduzido o rigor na definição da unidade de tempo.

A desgraça é que esse rigor não se encontra nela. Quando nos servimos do pêndulo para medir o tempo, qual é o postulado que admitimos implicitamente?

É que a duração de dois fenômenos idênticos é a mesma; ou, se preferirmos, que as mesmas causas levam o mesmo tempo para produzir os mesmos efeitos.

À primeira vista, essa é uma boa definição da igualdade de duas durações.

Acautelemo-nos com ela, contudo. Será impossível que a experiência desminta um dia nosso postulado?

Explico-me; suponho que em certo ponto do mundo se passa o fenômeno α, provocando, em consequência, ao fim de certo tempo, o efeito α'. Num outro ponto do mundo, muito distante do primeiro, passa-se o fenômeno β, que traz como consequência o efeito β'. Os fenômenos α e β são simultâneos, assim como os efeitos α' e β'.

Numa época ulterior, o fenômeno α se reproduz em circunstâncias mais ou menos idênticas, e *simultaneamente* o fenômeno β se reproduz também em um ponto muito distante do mundo, mais ou menos nas mesmas circunstâncias.

Os efeitos α' e β' vão também reproduzir-se. Suponho que o efeito α' ocorra sensivelmente antes do efeito β'.

Se a experiência nos tornasse testemunhas de um tal espetáculo, nosso postulado estaria desmentido.

Pois a experiência nos informaria que a primeira duração αα' é igual à primeira duração ββ', e que a segunda duração αα' é menor que a segunda duração ββ'. Ao contrário, nosso postulado exigiria que as duas durações αα' fossem iguais entre si, assim como as duas durações ββ'. A igualdade e a desigualdade deduzidas da experiência seriam incompatíveis com as duas igualdades tiradas do postulado.

Ora, podemos nós afirmar que as hipóteses que acabo de formular são absurdas? Elas nada têm de contrário ao princípio de contradição. Sem dúvida não poderiam realizar-se sem que o princípio da razão suficiente pareça violado. Mas para justificar uma definição tão fundamental eu preferiria uma outra garantia.

V. Mas não é só isso.

Na realidade física, uma causa não produz um efeito, mas uma multidão de causas distintas contribuem para produzi-lo, sem que se tenha qualquer meio de discernir o papel de cada uma delas.

Os físicos procuram fazer essa distinção; mas só a fazem de modo aproximado, e por maiores que sejam seus progressos, só a farão sempre de modo aproximado. É mais ou menos verdade que o movimento do pêndulo se deve unicamente à atração da Terra; mas, com todo o rigor, mesmo a atração de Sirius age sobre o pêndulo.

Nessas condições, é claro que as causas que produziram determinado efeito se reproduzirão sempre de modo aproximado.

E então devemos modificar nosso postulado e nossa definição. Em vez de dizer "as mesmas causas levam o mesmo tempo para produzir os mesmos efeitos", devemos dizer "causas mais ou menos idênticas levam mais ou menos o mesmo tempo para produzir mais ou menos os mesmos efeitos". Nossa definição, portanto, é apenas aproximada.

Aliás, como observa com muita propriedade o sr. Calinon numa dissertação recente (*Études sur les diverses grandeurs*, Paris, Gauthier-Villars, 1897):

> Uma das circunstâncias de um fenômeno qualquer é a velocidade da rotação da Terra; se essa velocidade de rotação varia, ela constitui, na reprodução desse fenômeno, uma circunstância que não permanece mais idêntica a ela mesma. Mas supor constante essa velocidade de rotação é supor que se sabe medir o tempo.

Portanto nossa definição ainda não é satisfatória; certamente não é aquela que implicitamente adotam os astrônomos dos quais eu falava acima, quando afirmam que a velocidade da rotação terrestre vai diminuindo.

Que sentido tem em sua boca essa afirmação? Só podemos compreendê-lo analisando as provas que fornecem para sua proposição.

De início, dizem que a fricção das marés, que produz calor, deve destruir força viva. Invocam então o princípio das forças vivas ou da conservação da energia.

Dizem em seguida que a aceleração secular da Lua, calculada segundo a lei de Newton, seria menor do que a deduzida das observações, se não se fizesse a correção relativa à diminuição da velocidade da rotação terrestre.

Invocam, portanto, a lei de Newton.

Em outros termos, definem a duração do seguinte modo: o tempo deve ser definido de tal maneira que a lei de Newton e a das forças vivas sejam verificadas.

A lei de Newton é uma verdade de experiência; como tal, é apenas aproximada, o que mostra que ainda temos apenas uma definição por aproximação.

Se agora supomos que vamos adotar uma outra maneira de medir o tempo, nem por isso as experiências sobre as quais está fundada a lei de Newton deixariam de conservar o mesmo sentido. Só que o enunciado da lei seria diferente, porque seria traduzido para uma outra linguagem; evidentemente, seria muito menos simples.

De modo que a definição implicitamente adotada pelos astrônomos pode resumir-se assim: "O tempo deve ser definido de tal modo que as equações da mecânica sejam tão simples quanto possível." Em outros termos, não há um modo de medir o tempo que seja mais verdadeiro que outro; o que geralmente é adotado é apenas mais cômodo.

De dois relógios não temos o direito de dizer que um funciona bem e o outro funciona mal; podemos dizer apenas que é vantajoso nos reportarmos às indicações do primeiro.

A dificuldade da qual acabamos de nos ocupar foi, como eu disse, muitas vezes assinalada; entre as obras mais recentes que dela tratam citarei, além do opúsculo do sr. Calinon, o tratado de mecânica do sr. Andrade.

VI. A segunda dificuldade atraiu até aqui muito menos atenção; contudo, ela é inteiramente análoga à precedente; e mesmo, logicamente, eu deveria ter falado dela de início.

Dois fenômenos psicológicos se passam em duas consciências diferentes; quando digo que são simultâneos, o que quero dizer?

Quando digo que um fenômeno físico que se passa fora de toda consciência é anterior ou posterior a um fenômeno psicológico, o que quero dizer?

Em 1572, Tycho-Brahé notou no céu uma estrela nova. Uma imensa conflagração se produzira em algum astro muito distante; mas produzira-se muito tempo antes; foi preciso que se passassem pelo menos duzentos anos até que a luz que partia dessa estrela alcançasse nossa Terra. Portanto, essa conflagração era anterior ao descobrimento da América.

Pois bem, quando digo isso, quando considero esse fenômeno gigantesco que talvez não tenha tido nenhuma testemunha, já que os satélites dessa estrela talvez não tenham habitantes, quando digo que esse fenômeno é anterior à formação da imagem visual da ilha de Española na consciência de Cristóvão Colombo, o que quero dizer?

Basta um pouco de reflexão para compreender que todas essas afirmações, por si sós, não têm nenhum sentido.

Só podem adquirir um sentido a partir de uma convenção.

VII. Antes de tudo, devemos nos perguntar como pudemos ter a ideia de fazer entrar no mesmo quadro tantos mundos impenetráveis entre si.

Desejaríamos representar o universo exterior, e só assim pensaríamos conhecê-lo.

Sabemos que jamais teremos essa representação: nossa deficiência é grande demais.

Desejamos ao menos que se possa conceber uma inteligência infinita para a qual essa representação fosse possível, uma espécie de grande consciência que tudo visse, e que classificasse tudo *em seu tempo*, assim como classificamos, *em nosso tempo*, o pouco que vemos.

Essa hipótese é bem grosseira e incompleta; pois essa inteligência suprema não seria mais que um semideus; infinita num sentido, seria limitada em outro, já que só teria do passado uma lembrança imperfeita; e não poderia ter outra, já que, de outro modo, conservaria todas as lembranças igualmente presentes, e para ela não haveria tempo.

E contudo, quando falamos do tempo, no que se refere a tudo o que se passa fora de nós, não adotamos nós inconscientemente essa hipótese? Não nos colocamos no lugar desse deus imperfeito? E os próprios ateus não se põem no lugar onde estaria Deus, se ele existisse?

O que acabo de dizer nos mostra, talvez, por que procuramos fazer entrar todos os fenômenos físicos no mesmo quadro. Mas isso não pode passar por uma definição de simultaneidade, já que essa inteligência hipotética, mesmo que existisse, seria para nós impenetrável.

É preciso, pois, buscar outra coisa.

VIII. As definições comuns que convêm para o tempo psicológico não poderiam mais nos bastar. Dois fatos psicológicos simultâneos são ligados tão estreitamente, que a análise não pode separá-los sem mutilá-los. Dar-se-á o mesmo com dois fatos físicos? Meu presente não está mais perto do meu passado de ontem do que do presente de Sirius?

Foi dito também que dois fatos devem ser considerados como simultâneos quando a ordem de sua sucessão pode ser invertida à vontade. É evidente que essa definição não poderia convir para dois fatos físicos que se produzem a grande distância um do outro, e é também evidente que, no que lhes diz respeito, nem sequer se compreende mais o que pode ser essa reversibilidade; aliás, é antes de tudo a própria sucessão que seria preciso definir.

IX. Procuremos então nos dar conta do que entendemos por simultaneidade ou anterioridade, e para isso analisemos alguns exemplos.

Escrevo uma carta; em seguida, ela é lida pelo amigo a quem a enviei. Eis aí dois fatos que tiveram como teatro duas consciências diferentes. Ao escrever essa carta, possuí sua imagem visual, e meu amigo, por sua vez, possuiu essa mesma imagem ao ler a carta.

Embora esses dois fatos se passem em mundos impenetráveis, não hesito em ver o primeiro como anterior ao segundo, porque creio que aquele foi a causa deste último.

Ouço o trovão e concluo que houve uma descarga elétrica; não hesito em considerar o fenômeno físico como anterior à imagem sonora recebida por minha consciência, porque creio que ele é a causa desta.

Eis aí, portanto, a regra que seguimos, e a única que podemos seguir; quando um fenômeno nos aparece como a causa de outro, nós o vemos como anterior.

É então pela causa que definimos o tempo; mas quase sempre, quando dois fatos nos aparecem ligados por uma relação constante, como reconhecemos qual deles é a causa e qual é o efeito? Admitimos que o fato anterior, o antecedente, é a causa do outro, do consequente. É portanto pelo tempo que definimos a causa. Como ter uma saída para essa petição de princípio?

Ora dizemos *post hoc, ergo propter hoc*, ora *propter hoc, ergo post hoc*;* conseguiremos sair desse círculo vicioso?

X. Vejamos, então, não como chegamos a nos sair bem, pois não o conseguimos completamente, mas como procuramos nos sair bem. Executo um ato voluntário A e em seguida experimento uma sensação D, que vejo como uma consequência do ato A; por outro lado, por uma razão qualquer, infiro que essa consequência não é imediata, mas que se realizaram fora da minha consciência dois fatos B e C dos quais não fui testemunha, e de tal modo que B seja o efeito de A, que C seja o de B, e D o de C.

Mas por que isso? Se creio ter razões para ver os quatro fatos A, B, C, D como ligados um ao outro por um elo de causalidade, por que dispô-los na ordem causal A B C D, e ao mesmo tempo na ordem cronológica A B C D, em vez de qualquer outra ordem?

Vejo bem que no ato A tenho a impressão de ter sido ativo, ao passo que experimentando a sensação D, tenho a de ter sido passivo. É por isso que vejo A como a causa inicial e D como o efeito último; é por isso que disponho A no começo da cadeia e D no fim; mas por que colocar B antes de C, em vez de C antes de B?

Se nos fazemos essa pergunta, respondemos geralmente: sabemos bem que é B a causa de C, já que vemos *sempre* B ocorrer antes de C. Esses dois fenômenos, quando somos testemunhas, passam-se numa certa ordem; quando fenômenos semelhantes ocorrem sem testemunha, não há razão para que essa ordem seja invertida.

Sem dúvida, mas tomemos cuidado; jamais conhecemos diretamente os fenômenos físicos B e C; o que conhecemos são sensações B′ e C′ produzidas respectivamente por B e por C. Nossa consciência nos informa imediatamente que B′ precede C′, e *admitimos* que B e C se sucedem na mesma ordem.

Essa regra parece de fato bem natural, e contudo muitas vezes somos levados a derrogá-la. Só ouvimos o ruído do trovão alguns segundos após a descarga elétrica da nuvem. De dois raios — um distante e outro próximo —, não pode o primeiro ser anterior ao

---

* "Depois disso, logo, por causa disso"; "por causa disso, logo, depois disso". (N. da T.)

segundo, embora o ruído do segundo nos chegue antes do ruído do primeiro?

XI. Outra dificuldade; teremos nós realmente o direito de falar da causa de um fenômeno? Se todas as partes do Universo são solidárias numa certa medida, um fenômeno qualquer não será o efeito de uma causa única, mas a resultante de causas infinitamente numerosas; ele é, como se diz com frequência, a consequência do estado do Universo um momento antes.

Como enunciar regras aplicáveis a circunstâncias tão complexas? E contudo só desse modo essas regras poderão ser gerais e rigorosas.

Para não nos perdermos nessa infinita complexidade, levantemos uma hipótese mais simples; consideremos três astros, como por exemplo o Sol, Júpiter e Saturno; mas para maior simplicidade, vejamo-los como reduzidos a pontos materiais e isolados do resto do mundo.

As posições e as velocidades dos três corpos em um instante dado bastam para determinar suas posições e suas velocidades no instante seguinte, e por conseguinte num instante qualquer. Suas posições no instante t determinam suas posições no instante $t + h$, assim como suas posições no instante $t - h$.

E ainda há mais; a posição de Júpiter no instante t, unida à de Saturno no instante $t + a$, determina a posição de Júpiter num instante qualquer, e a de Saturno num instante qualquer.

O conjunto das posições que ocupam Júpiter no instante $t + \varepsilon$ e Saturno no instante $t + a + \varepsilon$ está ligado ao conjunto das posições que ocupam Júpiter no instante t e Saturno no instante $t + a$, por leis tão precisas quanto a de Newton, embora mais complicadas.

Portanto, por que não ver um desses conjuntos como a causa do outro, o que levaria a considerar como simultâneos o instante t de Júpiter e o instante $t + a$ de Saturno?

Para isso só pode haver razões de comodidade e de simplicidade — muito poderosas, é verdade.

XII. Mas passemos a exemplos menos artificiais; para nos dar conta da definição implicitamente admitida pelos cientistas, vamos observá-los enquanto trabalham, e busquemos as regras segundo as quais investigam a simultaneidade.

Tomarei dois exemplos simples; a medida da velocidade da luz e a determinação das longitudes.

Quando um astrônomo me diz que determinado fenômeno estelar — que seu telescópio lhe revela naquele momento — ocorreu contudo há cinquenta anos, busco o que ele quer dizer com isso: pergunto-lhe de início como o sabe, isto é, como ele mediu a velocidade da luz.

Começou por *admitir* que a luz tem uma velocidade constante, e em particular que sua velocidade é a mesma em todas as direções. Esse é um postulado sem o qual nenhuma medida dessa velocidade poderia ser tentada. Esse postulado jamais poderá ser verificado diretamente pela experiência; poderia ser contradito por ela, se os resultados das diversas medidas não fossem concordantes. Devemos nos considerar felizes por essa contradição não ter ocorrido, e pelo fato de poderem explicar-se facilmente as pequenas discordâncias que podem acontecer.

Em todo caso o postulado, em conformidade com o princípio da razão suficiente, foi aceito por todos; o que quero lembrar é que ele nos fornece uma nova regra para a pesquisa da simultaneidade, inteiramente diferente daquela que havíamos enunciado acima.

Admitido esse postulado, vejamos como se mediu a velocidade da luz. Sabe-se que Roemer serviu-se dos eclipses dos satélites de Júpiter e procurou saber em quanto tempo o evento se atrasava em relação à predição.

Mas como se faz essa predição? Com o auxílio das leis astronômicas, como por exemplo a lei de Newton.

Os fatos observados não poderiam do mesmo modo explicar-se se atribuíssemos à velocidade da luz um valor um pouco diferente do valor adotado, e se admitíssemos que a lei de Newton é apenas aproximada? Só que seríamos levados a substituir a lei de Newton por uma outra mais complicada.

Assim, adotamos para a velocidade da luz um valor tal que as leis astronômicas compatíveis com esse valor sejam tão simples quanto possível. Quando os marinheiros ou geógrafos determinam uma longitude, têm que resolver precisamente o problema que nos ocupa; sem estar em Paris, devem calcular a hora de Paris.

Como se arranjam eles?

Podem levar um cronômetro acertado em Paris. O problema qualitativo da simultaneidade é reduzido ao problema quantitativo da medida do tempo. Não preciso retornar às dificuldades relativas a este último problema, uma vez que já insisti longamente sobre ele anteriormente.

Ou então observam um fenômeno astronômico, tal como um eclipse da Lua, e admitem que esse fenômeno é percebido simultaneamente de todos os pontos do globo.

Isso não é inteiramente verdadeiro, já que a propagação da luz não é instantânea; se desejássemos exatidão absoluta, haveria uma correção a fazer, segundo uma regra complicada.

Ou então, enfim, servem-se do telégrafo. Antes de mais nada, é claro que a recepção do sinal em Berlim, por exemplo, é posterior à expedição desse mesmo sinal em Paris. É a regra da causa e do efeito analisada acima.

Mas posterior em quanto tempo? Em geral, negligenciamos a duração da transmissão e consideramos os dois eventos como simultâneos. Mas para sermos rigorosos seria preciso fazer ainda uma pequena correção, por um cálculo complicado; não a fazemos na prática, pois seria muito menor do que os erros de observação; nem por isso sua necessidade teórica deixa de subsistir, no nosso ponto de vista, que é o de uma definição rigorosa.

Desta discussão quero lembrar dois fatores:

1º – As regras aplicadas são muito variadas.

2º – É difícil separar o problema qualitativo da simultaneidade do problema quantitativo da medida do tempo, quer utilizemos um cronômetro, quer tenhamos que levar em consideração uma velocidade de transmissão, como a da luz, pois não poderíamos medir uma tal velocidade sem *medir* um tempo.

XIII. Convém concluir.

Não temos a intuição direta da simultaneidade, nem a da igualdade de duas durações.

Se cremos ter essa intuição, é uma ilusão.

Nós a compensamos com o auxílio de algumas regras que aplicamos quase sempre sem perceber.

Mas qual é a natureza dessas regras?

Não há regra geral, não há regra rigorosa; há uma multidão de pequenas regras aplicáveis a cada caso particular.

Essas regras não se impõem a nós, e poderíamos divertir-nos inventando outras; contudo, não poderíamos nos afastar delas sem complicar muito o enunciado das leis da física, da mecânica e da astronomia.

Portanto escolhemos essas regras não porque elas sejam verdadeiras, mas porque são as mais cômodas, e poderíamos resumi-las dizendo: "A simultaneidade de dois eventos, ou a ordem de sua sucessão, e a igualdade de duas durações devem ser definidas de tal modo que o enunciado das leis naturais seja tão simples quanto possível. Em outros termos, todas essas regras, todas essas definições são apenas fruto de um oportunismo inconsciente."

CAPÍTULO III
A noção de espaço

I. Introdução

Nos artigos que anteriormente dediquei ao espaço, insisti sobretudo nos problemas levantados pela geometria não euclidiana, deixando quase completamente de lado outras questões mais difíceis de abordar, tais como as que se referem ao número das dimensões. Todas as geometrias que eu tinha em vista possuíam assim uma base comum — o contínuo de três dimensões que era o mesmo para todas, e que só se diferenciava pelas figuras que nele se traçavam, ou quando se pretendia medi-lo.

Nesse contínuo, primitivamente amorfo, pode-se imaginar uma rede de linhas e de superfícies, pode-se convencionar em seguida considerar as malhas dessa rede iguais entre si, e só depois dessa convenção esse contínuo, tornado mensurável, torna-se o espaço euclidiano ou o espaço não euclidiano. Desse contínuo amorfo pode então provir indiferentemente um ou outro dos dois espaços, do mesmo modo que, numa folha de papel em branco, podemos traçar indiferentemente uma reta ou um círculo.

No espaço, conhecemos triângulos retilíneos dos quais a soma dos ângulos é igual a dois ângulos retos; mas conhecemos igualmente triângulos curvilíneos dos quais a soma dos ângulos é menor que dois ângulos retos. A existência de uns não é mais duvidosa que a dos outros. Dar aos lados dos primeiros o nome de retas é adotar a geometria euclidiana; dar aos lados dos últimos o nome de retas é adotar a geometria não euclidiana. Assim, perguntar qual geometria convém adotar é perguntar a qual linha convém dar o nome de reta.

É evidente que a experiência não pode resolver uma tal questão; não se pediria à experiência, por exemplo, que decidisse se devo chamar uma reta de AB, ou então de CD. Por outro lado, também não posso dizer que não tenho o direito de dar o nome de retas aos lados dos triângulos não euclidianos porque eles não são conformes à ideia eterna de reta que possuo por intuição. Admito que tenho a ideia intuitiva do lado do triângulo euclidiano, mas tenho igualmente a ideia intuitiva do lado do triângulo não euclidiano. Por que teria eu o direito de aplicar o nome de reta à primeira dessas ideias e não à segunda? Em que essas duas sílabas fariam parte integrante dessa ideia intuitiva? Evidentemente, quando dizemos que a reta euclidiana é uma *verdadeira* reta, e que a reta não euclidiana não é uma verdadeira reta, queremos dizer simplesmente que a primeira ideia intuitiva corresponde a um objeto *mais notável* do que a segunda. Mas como julgamos que esse objeto é mais notável? Foi o que investiguei em *A ciência e a hipótese*.

Foi aí que vimos a experiência intervir; se a reta euclidiana é mais notável do que a reta não euclidiana, é antes de tudo porque difere pouco de certos objetos naturais notáveis, dos quais a reta não euclidiana difere muito. Mas — dir-se-á — a definição da reta não euclidiana é artificial; tentemos por um momento adotá-la, e veremos que dois círculos de raio diferente receberão ambos o nome de retas não euclidianas, ao passo que, de dois círculos de mesmo raio, um poderá satisfazer à definição sem que o outro a satisfaça, e então se transportarmos uma dessas pretensas retas sem deformá-la, ela deixará de ser uma reta. Mas com que direito consideramos iguais essas duas figuras que os geômetras euclidianos chamam de dois círculos de mesmo raio? É porque, ao transportar uma delas sem deformá-la, podemos fazê-la coincidir com a outra. E por que dizemos que esse transporte se efetuou sem deformação? É impossível dar a isso uma boa razão. Entre todos os movimentos concebíveis, há alguns dos quais os geômetras euclidianos dizem que não são acompanhados de deformação; mas há outros dos quais os geômetras não euclidianos diriam que não são acompanhados de deformação. Nos primeiros, ditos movimentos euclidianos, as retas euclidianas permanecem retas euclidianas, e as retas não euclidianas não permanecem retas não euclidianas; nos movimentos do segundo tipo, ou movimentos não euclidianos, as retas não euclidianas permanecem retas não euclidianas, e as retas euclidianas não permanecem retas euclidianas. Portanto, não demonstramos que era despropositado chamar de retas os lados dos triângulos não euclidianos; demonstramos apenas que isso seria despropositado se continuássemos a chamar de movimentos sem deformação os movimentos euclidianos; mas teríamos mostrado do mesmo modo que seria despropositado chamar de retas os lados dos triângulos euclidianos, se chamássemos de movimentos sem deformação os movimentos não euclidianos.

Então, quando dizemos que os movimentos euclidianos são os *verdadeiros* movimentos sem deformação, o que queremos dizer? Queremos dizer simplesmente que eles são *mais notáveis* do que os outros; e por que são eles mais notáveis? Porque certos corpos naturais notáveis, os corpos sólidos, sofrem movimentos mais ou menos parecidos.

Então, quando perguntamos "Pode-se imaginar o espaço não euclidiano?", isso quer dizer "Podemos nós imaginar um mundo onde houvesse objetos naturais notáveis que adotassem mais ou menos a forma das retas não euclidianas, e corpos naturais notáveis que sofressem frequentemente movimentos mais ou menos semelhantes aos movimentos não euclidianos?". Mostrei em *A ciência e a hipótese* que se deve responder "sim" a essa questão.

Observou-se muitas vezes que se todos os corpos do Universo viessem a se dilatar simultaneamente e na mesma proporção, não teríamos qualquer meio de perceber isso, já que todos os nossos instrumentos de medida aumentariam ao mesmo tempo que os próprios objetos que eles servem para medir. O mundo, após essa dilatação, seguiria seu curso, sem que nada viesse advertir-nos de um evento tão considerável.

Em outros termos, dois mundos que fossem semelhantes um ao outro (entendendo a palavra similitude no sentido do terceiro livro de geometria) seriam absolutamente indiscerníveis. Mas não é só isso: dois mundos serão indiscerníveis não só se forem iguais ou semelhantes — isto é, se pudermos passar de um ao outro mudando os eixos das coordenadas, ou mudando a escala à qual se reportam os comprimentos; serão ainda indiscerníveis se pudermos passar de um ao outro por uma "transformação pontual" qualquer. Explico-me.

Suponho que a cada ponto de um corresponde um e somente um ponto do outro, e inversamente; além disso, que as coordenadas de um ponto sejam funções contínuas, *quanto ao mais inteiramente arbitrárias*, das coordenadas do ponto correspondente. Por outro lado, suponho que a cada objeto do primeiro mundo corresponde no segundo um objeto de igual natureza, localizado precisamente no ponto correspondente. Suponho enfim que essa correspondência realizada no instante inicial conserva-se indefinidamente. Não teríamos nenhum meio de distinguir esses dois mundos um do outro. Quando falamos da *relatividade do espaço*, geralmente não a entendemos num sentido tão amplo; contudo, é assim que deveríamos entendê-la.

Se um desses universos é nosso mundo euclidiano, o que seus habitantes chamarão de reta será a nossa reta euclidiana; mas o que os habitantes do segundo mundo chamarão de reta será uma curva que gozará das mesmas propriedades em relação ao mundo que eles habitam e em relação aos movimentos que chamarão de movimentos sem deformação; sua geometria será portanto a geometria euclidiana, mas sua reta não será a nossa reta euclidiana. Será justificada pela transformação pontual que faz passar do nosso mundo ao deles; as retas desses homens não serão as nossas retas, mas terão entre si as mesmas relações que nossas retas têm entre si; é nesse sentido que digo que sua geometria será a nossa. Se então quisermos a todo custo proclamar que eles se enganam, que sua reta não é a verdadeira reta, se não desejarmos confessar que uma tal afirmação não tem qualquer sentido, ao menos deveremos confessar que essas pessoas não têm qualquer tipo de meio de se dar conta de seu erro.

2. A geometria qualitativa

Tudo isso é relativamente fácil de compreender, e tenho repetido muitas vezes que julgo inútil estender-me mais sobre esse assunto. O espaço euclidiano não é uma forma imposta à nossa sensibilidade, uma vez que podemos imaginar o espaço não euclidiano; mas os dois espaços — euclidiano e não euclidiano — têm uma base comum: é esse contínuo amorfo do qual eu falava no início; desse contínuo podemos tirar quer o espaço de Euclides, quer o espaço de Lobatchevski, assim como, traçando uma graduação conveniente, podemos transformar um termômetro não graduado quer em termômetro Fahrenheit, quer em termômetro Réaumur.

Então, apresenta-se uma questão: esse contínuo amorfo, que nossa análise deixou subsistir, não será uma forma imposta à nossa sensibilidade? Teríamos alargado a prisão na qual essa sensibilidade está encerrada, mas continuaria a ser uma prisão.

Esse contínuo possui um certo número de propriedades, isentas de qualquer ideia de medida. O estudo dessas propriedades é o objeto de uma ciência que foi cultivada por muitos grandes geômetras, e em particular por Riemann e Betti, e que recebeu o nome de *analysis situs*.* Nessa ciência faz-se abstração de toda ideia quantitativa e, por exemplo, se constatamos que numa linha o ponto B está entre os pontos A e C, iremos nos contentar com essa constatação e não nos preocuparemos em saber se a linha ABC é reta ou curva, nem se o comprimento AB é igual ao comprimento BC, ou se é duas vezes maior.

Os teoremas da *analysis situs* têm portanto a seguinte particularidade: permaneceriam verdadeiros se as figuras fossem copiadas por um mau desenhista, que alterasse grosseiramente todas as proporções e substituísse as retas por linhas mais ou menos sinuosas. Em termos matemáticos, eles não são alterados por uma "transformação pontual" qualquer. Foi dito com frequência que a geometria métrica era quantitativa, enquanto a geometria projetiva era puramente qualitativa; isso não é inteiramente verdadeiro; o que distingue a reta das outras linhas são ainda as propriedades que permanecem quantitativas em certos aspectos. A verdadeira geometria qualitativa é, portanto, a *analysis situs*.

As mesmas questões que surgiam a propósito das verdades da geometria euclidiana surgem de novo a propósito dos teoremas da *analysis situs*. Podem eles ser obtidos a partir de um raciocínio dedutivo? Serão convenções disfarçadas? Serão verdades experimentais? Serão eles os caracteres de uma forma imposta quer à nossa sensibilidade, quer ao nosso entendimento?

---

* Hoje esse ramo da matemática é conhecido como topologia. (N. da T.)

Desejo simplesmente observar que as duas últimas soluções se excluem, o que nem sempre tem sido percebido por todos. Não podemos admitir ao mesmo tempo que é impossível imaginar o espaço de quatro dimensões e que a experiência nos demonstra que o espaço tem três dimensões. O experimentador faz uma interrogação à natureza: é isto ou aquilo? E não pode fazê-la sem imaginar os dois termos da alternativa. Se fosse impossível imaginar um desses termos, seria não só inútil como impossível consultar a experiência. Não precisamos da observação para saber que o ponteiro de um relógio não está na divisão 15 do mostrador, uma vez que sabemos de antemão que ele só tem 12, e não poderíamos olhar para a divisão 15 para ver se o ponteiro está lá, já que essa divisão não existe.

Observemos igualmente que aqui os empiristas se livram de uma das objeções mais graves que podem ser dirigidas contra eles: aquela que, de antemão, torna absolutamente vãos todos os seus esforços para aplicar suas teses às verdades da geometria euclidiana. Essas verdades são rigorosas, e toda experiência só pode ser aproximada. Na *analysis situs*, as experiências aproximadas podem ser suficientes para gerar um teorema rigoroso. Se vemos, por exemplo, que o espaço não pode ter nem duas ou menos de duas dimensões, nem quatro ou mais de quatro, ficamos certos de que ele tem exatamente três, pois não poderia ter duas e meia ou três e meia.

De todos os teoremas da *analysis situs*, o mais importante é aquele que exprimimos dizendo que o espaço tem três dimensões. É deste que iremos nos ocupar, e faremos a pergunta nestes termos: quando dizemos que o espaço tem três dimensões, o que queremos dizer?

3. O contínuo físico de várias dimensões

Expliquei em *A ciência e a hipótese* de onde nos vem a noção de continuidade física, e como dela pôde sair a de continuidade matemática. Acontece que somos capazes de distinguir duas impressões uma da outra, ao passo que não poderíamos distinguir cada uma delas de uma terceira similar. É assim que podemos distinguir facilmente um peso de 12 gramas de um peso de 10 gramas, enquanto um peso de 11 gramas não poderia ser distinguido nem de um nem de outro.

Uma tal constatação, traduzida em símbolos, iria escrever-se:

$$A = B, B = C, A < C.$$

Essa seria a fórmula do contínuo físico, tal como ele nos é dado pela experiência bruta. Tal contradição intolerável foi eliminada com a introdução do contínuo matemático. Este é uma escala cujos graus (números comensuráveis ou incomensuráveis) são em número infinito, mas são exteriores uns aos outros, em vez de se invadirem uns aos outros como o fazem, em conformidade com a fórmula precedente, os elementos do contínuo físico.

O contínuo físico é, por assim dizer, uma nebulosa não resolvida: os mais aperfeiçoados instrumentos não poderiam chegar a resolvê-la; sem dúvida, se medíssemos os pesos com uma boa balança, em vez de avaliá-los com a mão, iríamos distinguir o peso de 11 gramas daqueles de 10 e 12 gramas, e nossa fórmula se tornaria:

$$A < B, B < C, A < C.$$

Mas encontraríamos sempre entre A e B e entre B e C novos elementos D e E, tais que:

$$A = D, D = B, A < B; B = E, E = C, B < C,$$

e a dificuldade só teria sido adiada, com a nebulosa continuando a não ser resolvida; só o espírito pode resolvê-la, e o contínuo matemático é a nebulosa resolvida em estrelas.

Entretanto, até agora não introduzimos a noção do número das dimensões. O que queremos dizer quando dizemos que um contínuo matemático, ou um contínuo físico, tem duas ou três dimensões?

Antes de tudo, é preciso introduzirmos a noção de *corte*, atendo-nos primeiro ao estudo dos contínuos físicos. Vimos o que caracteriza o contínuo físico: cada um dos elementos desse contínuo consiste em um conjunto de impressões; e pode acontecer ou que um elemento não possa ser discernido de outro elemento do mesmo contínuo, se esse novo elemento corresponde a um conjunto de impressões pouco diferentes demais, ou então, ao contrário, que a distinção seja possível; enfim, pode ocorrer que dois elementos, indiscerníveis de um terceiro, possam contudo ser discernidos um do outro.

Isso posto, se A e B são dois elementos discerníveis de um contínuo C, poderemos encontrar uma série de elementos

$$E_1, E_2, \ldots, E_n$$

pertencendo todos a esse mesmo contínuo C, e tais que cada um deles é indiscernível do precedente, que E_1 é indiscernível de A e E_n indiscernível de B. Poderemos então ir de A a B por um caminho contínuo, e sem deixar C. Se essa condição é satisfeita para dois elementos quaisquer A e B do contínuo C, poderemos dizer que esse contínuo C é *ininterrupto*.

Distingamos agora alguns dos elementos de C que poderão ou ser todos discerníveis uns dos outros ou formar eles mesmos um ou vários contínuos. O conjunto dos elementos assim escolhidos arbitrariamente entre todos os de C formará aquilo a que chamarei o *corte* ou os *cortes*.

Retomemos em C dois elementos quaisquer A e B. Ou então poderemos ainda encontrar uma série de elementos

$$E_1, E_2, \ldots, E_n$$

tais: 1º que pertençam todos a C; 2º que cada um deles seja indiscernível do seguinte; E_1 indiscernível de A e E_n de B; 3º *além disso, que nenhum dos elementos E seja indiscernível de qualquer dos elementos do corte*. Ou então, ao contrário, em todas as séries $E_1, E_2, \ldots,$ En que satisfaçam às duas primeiras condições haverá um elemento E indiscernível de um dos elementos do corte.

No primeiro caso, podemos ir de A a B por um caminho contínuo, sem deixar C e *sem encontrar os cortes*; no segundo caso, isso é impossível.

Se então, para dois elementos quaisquer A e B do contínuo C, é sempre o primeiro caso que ocorre, diremos que C permanece ininterrupto apesar dos cortes.

Assim, se escolhemos os cortes de uma certa maneira, aliás arbitrária, poderá ocorrer ou que o contínuo permaneça ininterrupto ou que não permaneça ininterrupto; nesta última hipótese, diremos então que ele está *dividido* pelos cortes.

Observaremos que todas essas definições são construídas partindo-se unicamente do fato muito simples de que dois conjuntos de impressões ora podem ser discernidos, ora não podem sê-lo.

Isso posto, se para *dividir* um contínuo basta considerar como cortes um certo número de elementos todos discerníveis uns dos outros, diz-se que esse contínuo *é de uma dimensão*; se, ao contrário, para dividir um contínuo é necessário considerar como cortes um sistema de elementos que formam eles mesmos um ou vários contínuos, diremos que esse contínuo *é de várias dimensões*.

Se para dividir um contínuo C bastam cortes que formem um ou vários contínuos de uma dimensão, diremos que C é um contínuo *de duas dimensões*; se bastam cortes que formem um ou vários contínuos de duas dimensões no máximo, diremos que C é um contínuo *de três dimensões*; e assim por diante.

Para justificar essa definição, é preciso ver se é mesmo assim que os geômetras introduzem a noção das três dimensões no início de suas obras. Ora, o que vemos? Quase sempre, eles começam por definir as superfícies como os limites dos volumes, ou partes do espaço, as linhas como os limites das superfícies, os pontos como limites das linhas, e afirmam que o mesmo processo não pode ser levado mais longe.

É bem a mesma ideia; para dividir o espaço, são precisos cortes que chamamos de superfícies; para dividir as superfícies, são precisos cortes que chamamos de linhas; para dividir as linhas, são precisos cortes que chamamos de pontos; não se pode ir mais longe, e o ponto não pode ser dividido, o ponto não é um contínuo; então as linhas, que podemos dividir com cortes que não são contínuos, serão contínuos de uma dimensão; as superfícies, que podemos dividir com cortes contínuos de uma dimensão, serão contínuos de duas dimensões; enfim, o espaço, que podemos dividir com cortes contínuos de duas dimensões, será um contínuo de três dimensões.

Assim, a definição que acabo de dar não difere essencialmente das definições habituais; fiz questão apenas de lhe dar uma forma aplicável não ao contínuo matemático, mas ao contínuo físico, que é o único suscetível de representação, e contudo conservar toda a sua precisão.

Aliás, vemos que essa definição não se aplica somente ao espaço, e que, em tudo o que passa por nossos sentidos, reencontramos os caracteres do contínuo físico, o que permitiria a mesma classificação; seria fácil encontrar aí exemplos de contínuos de quatro, de cinco dimensões, no sentido da definição precedente; esses exemplos se apresentam por si sós ao espírito.

Se tivesse tempo, eu explicaria que essa ciência da qual falava acima, e à qual Riemann deu o nome de *analysis situs*, nos ensina a fazer distinções entre os contínuos com o mesmo número de dimensões, e também que a classificação desses contínuos baseia-se ainda na consideração dos cortes.

Dessa noção originou-se a do contínuo matemático de várias dimensões, do mesmo modo que o contínuo físico de uma dimensão engendrara o contínuo matemático de uma dimensão. A fórmula

$$A > C, A = B, B = C,$$

que resumia os dados brutos da experiência, implicava uma contradição intolerável. Para nos libertarmos dela, foi preciso introduzir uma noção nova, respeitando, aliás, os caracteres essenciais do contínuo físico de várias dimensões. O contínuo matemático de uma dimensão comportava uma escala única, cujos graus em número infinito correspondiam aos diversos valores, comensuráveis ou não, da mesma grandeza. Para que se tenha o contínuo matemático de n dimensões, bastará tomar n escalas semelhantes, cujos graus corresponderão aos diversos valores de n grandezas independentes, chamadas coordenadas. Teremos assim uma imagem do contínuo físico de n dimensões, e essa imagem será tão fiel quanto possível, desde que não se queira deixar subsistir a contradição da qual eu falava anteriormente.

4. A noção de ponto

Parece agora que a questão que levantávamos no início está resolvida. Quando dizemos que o espaço tem três dimensões — dir-se-á —, queremos dizer que o conjunto dos pontos do espaço satisfaz a definição que acabamos de dar do contínuo físico de três dimensões.

Contentar-se com isso seria supor que sabemos o que é o conjunto dos pontos do espaço, ou mesmo um ponto do espaço.

Ora, isso não é tão simples quanto se poderia crer. Todos pensam saber o que é um ponto, e é mesmo porque o sabemos demasiado bem que cremos não ter necessidade de defini-lo. É verdade que não se pode exigir de nós que saibamos defini-lo, pois, retomando definição por definição, certamente há de chegar um momento em que paramos. Mas em que momento devemos parar?

Antes de mais nada, pararemos quando chegarmos a um objeto que passe por nossos sentidos, ou que possamos representar; a definição se tornará então inútil: não definimos o carneiro para uma criança, dizemos a ela: *eis aqui* um carneiro.

Então, devemos nos perguntar se é possível representar um ponto do espaço. Aqueles que respondem sim não pensam que na realidade representam um ponto branco, feito com giz num quadro negro, ou um ponto negro feito com uma pena num papel branco, e que só podem representar um objeto, ou melhor, as impressões que esse objeto produzisse em seus sentidos.

Quando procuram representar um ponto, representam as impressões que objetos muito pequenos lhes transmitiriam. É inútil acrescentar que dois objetos diferentes, embora um e outro muito pequenos, poderão produzir impressões extremamente diferentes, mas não insisto nessa dificuldade, que exigiria contudo alguma discussão.

Mas não é disso que se trata; não basta representar *um* ponto, é preciso representar *tal* ponto, e ter o meio de distingui-lo de um *outro* ponto. E de fato, para que possamos aplicar a um contínuo a regra que expus acima, e pela qual podemos reconhecer o número de suas dimensões, devemos nos apoiar no fato de que dois elementos desse contínuo ora podem, ora não podem ser discernidos. É preciso então que saibamos, em certos casos, representar *tal* elemento e distingui-lo de um *outro* elemento.

A questão é saber se o ponto que eu representava há uma hora é o mesmo que represento agora ou se é um ponto diferente. Em outros termos, como sabemos se o ponto ocupado pelo objeto A no instante α é o mesmo ocupado pelo objeto B no instante β, ou, melhor ainda, o que isso quer dizer?

Estou sentado em meu quarto, um objeto está pousado sobre minha mesa; não me movo durante um segundo, ninguém toca no objeto; sou tentado a dizer que o ponto A que esse objeto ocupava no início daquele segundo é idêntico ao ponto B que ele ocupa no fim; de modo algum: do ponto A ao ponto B há 30 quilômetros, pois o objeto foi arrastado pelo movimento da Terra. Não poderemos saber se um objeto, muito pequeno ou não, não mudou de posição absoluta no espaço, e não só não podemos afirmá-lo, mas essa afirmação não tem nenhum sentido e, em todo caso, não pode corresponder a qualquer representação.

Mas então podemos nos perguntar se a posição de um objeto em relação a outros objetos variou ou não, e de início se a posição desse objeto em relação ao nosso corpo variou; se as impressões que esse objeto nos causa não mudaram, estaremos inclinados a julgar que essa posição relativa também não mudou; se elas mudaram, julgaremos que esse objeto mudou, seja de estado, seja de posição relativa. Resta decidir qual dos dois. Expliquei em *A ciência e a hipótese* como fomos levados a distinguir as mudanças de posição. Aliás, retornarei a isso mais adiante. Chegamos então a saber se a posição de um objeto em relação ao nosso corpo permaneceu ou não a mesma.

Se agora vemos que dois objetos conservaram sua posição em relação ao nosso corpo, concluímos que a posição relativa desses dois objetos, um em relação ao outro, não mudou; mas só chegamos a essa conclusão por um raciocínio indireto. A única coisa que conhecíamos diretamente é a posição dos objetos em relação ao nosso corpo.

A fortiori, só por um raciocínio indireto cremos saber (e mesmo essa crença é enganadora) se a posição absoluta do objeto mudou.

Em suma, o sistema de eixos de coordenadas, aos quais relacionamos naturalmente todos os objetos exteriores, é um sistema de eixos que está invariavelmente ligado ao nosso corpo e que transportamos por toda parte conosco.

É impossível representar o espaço absoluto; quando quero representar simultaneamente objetos e a minha própria pessoa em movimento no espaço absoluto, na realidade me represento a mim mesmo imóvel e vejo moverem-se à minha volta diversos objetos e um homem que é exterior a mim, mas que convenciono chamar de *eu*.

A dificuldade estará resolvida quando consentirmos em relacionar tudo com aqueles eixos ligados a nosso corpo? Saberemos dessa vez o que é um ponto definido assim por sua posição relativa em relação a nós? Muitos responderão que sim e dirão que "localizam" os objetos exteriores.

O que quer isso dizer? Localizar um objeto quer dizer simplesmente representar os movimentos que seria preciso fazer para alcançá-lo; explico-me: não se trata de representar os próprios movimentos no espaço, mas unicamente de representar as sensações musculares que acompanham esses movimentos, as quais não supõem a preexistência da noção de espaço.

Se supomos dois objetos diferentes que vêm sucessivamente ocupar a mesma posição em relação a nós, esses dois objetos nos causarão impressões que serão muito diferentes; se os localizamos no mesmo ponto, é simplesmente porque é preciso fazer os mesmos movimentos para alcançá-los; afora isso, não se percebe bem o que poderiam ter em comum.

Mas, dado um objeto, podemos conceber muitas séries diferentes de movimentos que permitiriam igualmente alcançá-lo. Se então representarmos um ponto representando a série de sensações musculares que acompanhariam os movimentos que permitiriam alcançar esse ponto, teremos muitas maneiras inteiramente diferentes de representar o mesmo ponto. Se não quisermos nos contentar com essa solução, se quisermos fazer intervirem, por exemplo, as sensações visuais ao lado das sensações musculares, teremos mais uma ou duas maneiras de representar esse mesmo ponto, e a dificuldade só terá aumentado. De qualquer modo, apresenta-se a seguinte questão: por que julgamos nós que todas essas representações, tão diferentes umas das outras, representam contudo o mesmo ponto?

Outra observação: acabo de dizer que é com nosso corpo que relacionamos naturalmente os objetos exteriores; que transportamos conosco, por assim dizer, por toda parte um sistema de eixos aos quais relacionamos todos os pontos do espaço, e que esse sistema de eixos está como que invariavelmente ligado ao nosso corpo. Devemos observar que a rigor só poderíamos falar de eixos invariavelmente ligados ao corpo se as diversas partes desse corpo estivessem elas mesmas invariavelmente ligadas uma a outra. Como não é esse o caso, devemos, antes de relacionar os objetos exteriores a esses eixos fictícios, supor nosso corpo submetido à mesma atitude.

5. A noção do deslocamento

Mostrei em *A ciência e a hipótese* o papel preponderante desempenhado pelos movimentos do nosso corpo na gênese da noção de espaço. Para um ser completamente imóvel, não haveria nem espaço nem geometria; os objetos exteriores se deslocariam à sua volta em vão, e as variações que suas impressões sofreriam com esses deslocamentos não seriam atribuídas por esse ser a mudanças de posição, mas a simples mudanças de estado: esse ser não teria qualquer meio de distinguir esses dois tipos de mudanças, e essa distinção, para nós capital, não teria qualquer sentido para ele.

Os movimentos que imprimimos aos nossos membros têm como efeito fazer variar as impressões produzidas sobre nossos sentidos pelos objetos exteriores; outras causas podem igualmente fazê-las variar; mas somos levados a distinguir as mudanças produzidas por nossos próprios movimentos, e as discernimos facilmente por duas razões: primeiro, porque são voluntárias; segundo, porque são acompanhadas de sensações musculares.

Assim, dividimos naturalmente as mudanças que nossas impressões podem sofrer em duas categorias que chamei por um nome talvez impróprio: primeiro, as mudanças internas, voluntárias e acompanhadas de sensações musculares; segundo, as mudanças externas, cujos caracteres são opostos.

Observamos em seguida que, entre as mudanças externas, há algumas que podem ser corrigidas graças a uma mudança interna, que reconduz tudo ao estado primitivo; outras não podem ser corrigidas desse modo (é assim que, quando um objeto exterior se deslocou, podemos, deslocando-nos nós mesmos, nos recolocar em relação a esse objeto na mesma situação relativa, de modo a restabelecer o conjunto das impressões primitivas; se esse objeto não se deslocou, mas mudou de estado, isso é impossível). Daí uma nova distinção, entre as mudanças externas: àquelas que podem ser assim corrigidas, chamamos mudanças de posição; às outras, mudanças de estado.

Suponhamos, por exemplo, uma esfera que tenha um hemisfério azul e outro vermelho; ela nos apresenta primeiro o hemisfério azul; depois ela gira sobre si mesma, de modo a nos apresentar o hemisfério vermelho. Seja agora um recipiente esférico contendo um líquido azul que se torna vermelho em consequência de uma reação química. Nos dois casos, a sensação do vermelho substituiu a do azul; nossos sentidos experimentaram as mesmas impressões, que se sucederam na mesma ordem, e contudo essas duas mudanças são vistas por nós como muito diferentes; a primeira é um deslocamento, a segunda uma mudança de estado. Por quê?

Porque, no primeiro caso, basta-me rodar em torno da esfera, para me colocar em frente ao hemisfério azul, e restabelecer a sensação azul primitiva.

Mais ainda, se os dois hemisférios, em vez de serem vermelho e azul, fossem amarelo e verde, como se teria traduzido para mim a rotação da esfera? Ainda há pouco, o vermelho sucedia o azul, agora o verde sucede o amarelo; e contudo eu digo que as duas esferas experimentaram a mesma rotação, que tanto uma como a outra giraram em torno de seu eixo; contudo, não posso dizer que o verde esteja para o amarelo como o vermelho está para o azul; como então sou levado a julgar que as duas esferas sofreram o *mesmo* deslocamento? Evidentemente porque, tanto num caso como noutro, posso restabelecer a sensação primitiva rodando em torno da esfera, fazendo os mesmos movimentos que ela, e sei que fiz os mesmos movimentos porque experimentei as mesmas sensações musculares; para sabê-lo, não tenho portanto necessidade de saber de antemão geometria, nem de representar os movimentos do meu corpo no espaço geométrico.

Outro exemplo. Um objeto deslocou-se diante do meu olho, sua imagem se formava de início no centro da retina; em seguida, forma-se na borda; a sensação antiga me era trazida por uma fibra nervosa que desembocava no centro da retina; a nova sensação me é trazida por uma *outra* fibra nervosa, que parte da borda da retina; essas duas sensações são qualitativamente diferentes; e sem isso, como poderia eu distingui-las? Por que então sou levado a julgar que essas duas sensações, qualitativamente diferentes, representam a mesma imagem que se deslocou? É porque posso *seguir o objeto com o olho* e, por um deslocamento do olho, voluntário e acompanhado de sensações musculares, reconduzir a imagem ao centro da retina, restabelecendo a sensação primitiva.

Suponho que a imagem de um objeto vermelho tenha ido do centro A à borda B da retina, depois que a imagem de um objeto azul vá por sua vez do centro A à borda B da retina; julgarei que esses dois objetos sofreram o *mesmo* deslocamento. Por quê? Porque, tanto num caso como no outro, terei podido restabelecer a sensação primitiva, e porque para isso terei tido que executar o *mesmo* movimento do olho, e saberei que meu olho executou o mesmo movimento porque experimentei as *mesmas* sensações musculares.

Se não pudesse mover meu olho, teria eu alguma razão para admitir que a sensação do vermelho no centro da retina está para a sensação do vermelho na borda da retina assim como a do azul no centro está para a do azul na borda? Eu só teria quatro sensações qualitativamente diferentes, e se me perguntassem se elas estão ligadas pela proporção que acabo de enunciar, a pergunta me pareceria ridícula, exatamente como se me perguntassem se há uma proporção análoga entre uma sensação auditiva, uma sensação tátil e uma sensação olfativa.

Consideremos agora as mudanças internas, isto é, aquelas que são produzidas pelos movimentos voluntários de nosso corpo e são acompanhadas de mudanças musculares; elas darão lugar às duas observações seguintes, análogas àquelas que acabamos de fazer a propósito das mudanças externas.

1º – Posso supor que meu corpo se tenha transportado de um ponto a outro, mas conservando a mesma *atitude*; todas as partes desse corpo, portanto, conservaram ou retomaram a mesma situação *relativa*, embora sua situação absoluta no espaço tenha variado; posso supor igualmente que não só a posição de meu corpo mudou, mas também sua atitude não é mais a mesma, e que, por exemplo, meus braços, que ainda há pouco estavam dobrados, estão agora estendidos.

Devo então distinguir as simples mudanças de posição sem mudança de atitude e as mudanças de atitude. Tanto umas quanto as outras me aparecem sob a forma de sensações musculares. Como então sou levado a distingui-las? É que as primeiras podem servir para corrigir uma mudança externa, e as outras não o podem, ou ao menos não podem fazer senão uma correção imperfeita.

Esse é um fato que vou explicar, como explicaria a alguém que já soubesse geometria, mas não se deve concluir daí que é preciso já saber geometria para fazer essa distinção; antes de sabê-la, constato o fato (experimentalmente, por assim dizer), sem poder explicá-lo. Mas para fazer a distinção entre os dois tipos de mudança, não preciso *explicar* o fato, basta-me *constatá-lo*.

De qualquer modo, a explicação é fácil. Suponhamos que um objeto exterior se tenha deslocado; se desejamos que as diversas partes de nosso corpo retomem em relação a esse objeto sua posição relativa inicial, é preciso que essas diversas partes tenham retomado igualmente sua posição relativa inicial umas em relação às outras. Só as mudanças internas que satisfizerem esta última condição serão suscetíveis de corrigir a mudança externa produzida pelo deslocamento desse objeto. Se, então, a posição de meu olho em relação a meu dedo mudou, bem poderei reconduzir o olho à sua situação inicial em relação ao objeto, e assim restabelecer as sensações visuais primitivas, mas então a posição relativa do dedo em relação ao objeto terá mudado, e as sensações táteis não serão restabelecidas.

2º – Constatamos igualmente que a mesma mudança externa pode ser corrigida por duas mudanças internas que correspondem a sensações musculares diferentes. Aqui, ainda, posso fazer essa constatação sem saber geometria; e não preciso de mais nada, mas vou dar a explicação do fato empregando a linguagem geométrica. Para passar da posição A à posição B, posso tomar vários caminhos. Ao primeiro desses caminhos corresponderá uma série S de sensações musculares; a um segundo caminho corresponderá uma outra série S″ de sensações musculares que decerto serão completamente diferentes, já que serão outros músculos que terão entrado em jogo.

Como sou levado a ver essas duas séries S e S″ como correspondendo ao mesmo deslocamento AB? É porque essas duas séries são suscetíveis de corrigir a mesma mudança externa. Afora isso, nada têm em comum.

Consideremos agora duas mudanças externas, α e β, que serão por exemplo a rotação de uma esfera metade azul, metade vermelha e a de uma esfera metade amarela, metade verde; essas duas mudanças nada têm em comum, já que uma se traduz para nós pela passagem do azul ao vermelho, e a outra pela passagem do amarelo ao verde. Consideremos, por outro lado, duas séries de mudanças internas S e S″; elas também não terão mais nada em comum. E contudo digo que α e β correspondem ao mesmo deslocamento, e que S e S″ correspondem também ao mesmo deslocamento. Por quê? Muito simplesmente porque S pode corrigir β tanto quanto α, e porque α pode ser corrigida por S″ tanto quanto por S. Então apresenta-se uma questão: se constatei que S corrige α e β, e que S″ corrige α, estarei certo de que S″ corrige igualmente β? Só a experiência pode nos informar se essa lei se verifica. Se ela não se verificasse, ao menos aproximativamente, não haveria geometria, não haveria espaço, porque não teríamos mais interesse em classificar as mudanças externas e internas como acabo de fazer nem, por exemplo, em distinguir as mudanças de estado e as mudanças de posição.

É interessante ver qual foi em tudo isso o papel da experiência. Ela me mostrou que uma certa lei se verifica de modo aproximado. Não me informou *como* é o espaço, nem que este satisfaz a condição de que se trata. Eu sabia, de fato, antes de qualquer experiência, que o espaço satisfará essa condição, ou que ele não existirá; também não posso dizer que a experiência me informou que a geometria é possível; vejo bem que a geometria é possível porque não implica contradição; a experiência me informou apenas que a geometria é útil.

6. O espaço visual

Embora as impressões motoras tenham tido, como acabo de explicar, uma influência inteiramente preponderante na gênese da noção de espaço — que jamais teria nascido sem elas —, não deixará de ser interessante examinar também o papel das impressões visuais e investigar quantas dimensões tem o "espaço visual", e para isso aplicar a essas impressões a definição do § 3.

Uma primeira dificuldade se apresenta; consideremos uma sensação colorida vermelha que afete um certo ponto da retina; e por outro lado, uma sensação colorida azul que afete o mesmo ponto da retina. Não podemos deixar de ter algum meio de perceber que essas duas sensações, qualitativamente diferentes, têm algo em comum. Ora, segundo as considerações expostas no parágrafo anterior, só pudemos percebê-lo pelos movimentos do olho e pelas observações que estes proporcionaram. Se o olho estivesse imóvel, ou se não tivéssemos consciência de seus movimentos, não teríamos podido reconhecer que essas duas sensações de qualidade diferente tinham algo em comum; não teríamos podido destacar delas o que lhes dá um caráter geométrico. As sensações visuais, sem as sensações musculares, nada teriam portanto de geométrico, de modo que se pode dizer que não há espaço visual puro.

Para eliminar essa dificuldade, consideremos apenas sensações da mesma natureza: sensações vermelhas, por exemplo, diferindo umas das outras apenas pelo ponto da retina que afetam. É claro que não tenho nenhuma razão para fazer uma escolha tão arbitrária entre todas as sensações visuais possíveis, para reunir na mesma classe todas as sensações de cor idêntica, qualquer que seja o ponto da retina afetado. Jamais teria pensado nisso se não tivesse aprendido de antemão, pelo meio que acabamos de ver, a distinguir as mudanças de estado e as mudanças de posição — isto é, se meu olho fosse imóvel. Duas sensações de cor idêntica que afetassem duas partes diferentes da retina me apareceriam como qualitativamente distintas, do mesmo modo que duas sensações de cores diferentes.

Restringindo-me às sensações vermelhas, imponho-me então uma limitação artificial, e negligencio sistematicamente todo um lado da questão; mas só por esse artifício posso analisar o espaço visual sem aí misturar sensação motora.

Imaginemos uma linha traçada sobre a retina e dividindo em dois sua superfície; e ponhamos de lado as sensações vermelhas que afetem um ponto dessa linha, ou as que difiram pouco demais para poderem ser discernidas. O conjunto dessas sensações formará uma espécie de corte que chamarei de C, e é claro que esse corte basta para dividir o conjunto das sensações vermelhas possíveis, e que, se tomo duas sensações vermelhas que afetem dois pontos situados de um lado e do outro da linha, não poderei passar de uma dessas sensações à outra de um modo contínuo sem passar, num certo momento, por uma sensação que pertença ao corte.

Se então o corte tem n dimensões, o conjunto total de minhas sensações vermelhas, ou, se preferirmos, o espaço visual total, terá $n + 1$.

Agora, distingo as sensações vermelhas que afetam um ponto do corte C. O conjunto dessas sensações formará um *novo* corte C'. É claro que este *dividirá* o corte C, dando sempre o mesmo sentido à palavra "dividir".

Se então o corte C' tem n dimensões, o corte C terá $n + 1$, e o espaço visual total, $n + 2$.

Se todas as sensações vermelhas que afetassem o mesmo ponto da retina fossem vistas como idênticas, o corte C', reduzindo-se a um elemento único, teria zero dimensão, e o espaço visual teria duas.

E contudo quase sempre dizemos que o olho nos dá a sensação de uma terceira dimensão e nos permite numa certa medida reconhecer a distância dos objetos. Quando procuramos analisar essa sensação, constatamos que ela se reduz quer à consciência da convergência dos olhos, quer à do esforço de acomodação que faz o músculo ciliar para ajustar a imagem.

Duas sensações vermelhas que afetem o mesmo ponto da retina só serão, pois, vistas como idênticas se forem acompanhadas da mesma sensação de convergência, e também da mesma sensação de esforço de acomodação, ou ao menos de sensações de convergência e de acomodação pouco diferentes o bastante para não poderem ser discernidas.

Assim, o corte C' é ele mesmo um contínuo, e o corte C tem mais de uma dimensão.

Mas acontece justamente que a experiência nos informa que, quando duas sensações visuais são acompanhadas da mesma sensação de convergência, elas são igualmente acompanhadas da mesma sensação de acomodação.

Se então formamos um novo corte C" com todos os das sensações do corte C' que são acompanhadas de uma certa sensação de convergência, segundo a lei precedente, elas serão todas indiscerníveis, e poderão ser vistas como idênticas; então C" não será um contínuo e terá zero dimensão; e como C" divide C', disso resultará que C' tem uma, C duas, e que *o espaço visual total tem três*.

Mas ocorreria o mesmo se a experiência nos tivesse informado o contrário, e se uma certa sensação de convergência não fosse sempre acompanhada da mesma sensação de acomodação? Nesse caso, duas sensações que afetassem o mesmo ponto da retina e que fossem acompanhadas da mesma impressão de convergência, duas sensações que, por conseguinte, pertencessem ambas ao corte C", poderiam contudo ser discernidas, porque seriam acompanhadas de duas sensações de acomodação diferentes. Logo, C" seria por sua vez contínuo, e teria uma dimensão (no mínimo): então C' teria duas, C três, e *o espaço visual total teria quatro*.

Vai-se dizer então que é a experiência que nos informa que o espaço tem três dimensões, já que é partindo de uma lei experimental que chegamos a lhe atribuir três? Mas só fizemos aí, por assim dizer, uma experiência de fisiologia; e mesmo que bastasse adaptar aos olhos lentes de fabricação conveniente para fazer cessar a concordância entre as sensações de convergência e de acomodação, iremos nós dizer que basta colocar óculos muito grossos para que o espaço tenha quatro dimensões, e que o fabricante de lentes que as fez deu uma dimensão a mais ao espaço? É evidente que não: tudo o que podemos dizer é que a experiência nos informou que é cômodo atribuir ao espaço três dimensões.

Mas o espaço visual não é mais que uma parte do espaço, e na própria noção desse espaço há alguma coisa de artificial, como expliquei no início. O verdadeiro espaço é o espaço motor, que examinaremos no capítulo seguinte.

CAPÍTULO IV

O espaço e suas três dimensões

1. O grupo dos deslocamentos

Resumamos brevemente os resultados obtidos. Nós nos propúnhamos investigar o que se quer dizer quando se diz que o espaço tem três dimensões, e nos perguntamos de início o que é um contínuo físico, e quando se pode dizer que ele tem n dimensões. Se consideramos diversos sistemas de impressões, e os comparamos entre eles, percebemos muitas vezes que dois desses sistemas de impressões não podem ser discernidos (o que em geral se exprime dizendo que eles são próximos demais um do outro, e que nossos sentidos são grosseiros demais para que possamos distingui-los); constatamos, além disso, que dois desses sistemas podem por vezes ser discernidos um do outro, embora sendo indiscerníveis de um terceiro similar. Se é esse o caso, diz-se que o conjunto desses sistemas de impressões forma um contínuo físico C. E a cada um desses sistemas se chamará *elemento* do contínuo C.

Quantas dimensões tem esse contínuo? Tomemos de início dois elementos A e B de C, e suponhamos que exista uma sequência Σ de elementos, todos pertencentes ao contínuo C, de tal modo que A e B sejam os dois termos extremos dessa sequência, e que cada termo da sequência seja indiscernível do precedente. Se pudermos encontrar tal sequência Σ, diremos que A e B estão *ligados* entre si; e se dois elementos quaisquer de C estão ligados entre si, diremos que C é ininterrupto. Escolhamos agora no contínuo C um certo número de elementos de um modo inteiramente arbitrário. Ao conjunto desses elementos se chamará *corte*. Entre as sequências Σ que ligam A a B, distinguiremos aquelas das quais um elemento é indiscernível de um dos elementos do corte (diremos que são aquelas que *cortam* o corte) e aquelas das quais *todos* os elementos são discerníveis de todos os do corte. Se *todas* as sequências Σ que ligam A a B cortam o corte, diremos que A e B são *separados* pelo corte, e que o corte *divide* C. Se não pudermos encontrar em C dois elementos que sejam separados pelo corte, diremos que o corte *não divide* C.

Estabelecidas essas definições, se o contínuo C pode ser dividido por cortes que não formem eles mesmos um contínuo, esse contínuo C tem apenas uma dimensão; no caso contrário, ele tem várias. Se, para dividir C, basta um corte que forme um contínuo de uma dimensão, C terá duas dimensões; se basta um corte que forme um contínuo de duas dimensões, C terá três dimensões etc.

Graças a essas definições, saberemos sempre reconhecer quantas dimensões tem um contínuo físico qualquer. Resta apenas encontrar um contínuo físico que seja, por assim dizer, equivalente ao espaço, de tal modo que a todo ponto do espaço corresponda um elemento desse contínuo, e que a pontos do espaço muito próximos uns dos outros correspondam elementos indiscerníveis. O espaço terá então tantas dimensões quantas tem esse contínuo.

O intermediário desse contínuo físico, suscetível de representação, é indispensável; porque não podemos representar o espaço, e isso por uma quantidade de razões. O espaço é um contínuo matemático, é infinito, e só podemos representar contínuos físicos e objetos finitos. Os diversos elementos do espaço, a que chamamos pontos, são todos parecidos entre si e, para aplicar nossa definição, é preciso que saibamos discernir os elementos uns dos outros, ao menos se eles não são próximos demais. Enfim, o espaço absoluto é um absurdo, e devemos começar por relacioná-lo a um sistema de eixos invariavelmente ligados ao nosso corpo (que devemos sempre supor submetido à mesma atitude).

Procurei em seguida formar com nossas sensações visuais um contínuo físico equivalente ao espaço; isso é fácil, sem dúvida, e esse exemplo é particularmente apropriado para discutir o número das dimensões; essa discussão nos possibilitou ver em que medida é permitido dizer que o "espaço visual" tem três dimensões. Só que essa solução é incompleta e artificial, e já expliquei por quê; não é no espaço visual, mas no espaço motor que é preciso concentrar nosso esforço.

Lembrei em seguida qual é a origem da distinção que fazemos entre as mudanças de posição e as mudanças de estado.

Entre as mudanças que se produzem em nossas impressões, distinguimos de início as mudanças *internas*, voluntárias e acompanhadas de sensações musculares, e as mudanças *externas*, cujos caracteres são opostos. Constatamos que pode acontecer que uma mudança externa seja *corrigida* por uma mudança interna que restabelece as sensações primitivas. As mudanças externas que são suscetíveis de ser corrigidas por uma mudança interna chamam-se *mudanças de posição*; aquelas que não o são chamam-se *mudanças de estado*. As mudanças internas suscetíveis de corrigir uma mudança externa chamam-se *deslocamentos do corpo em bloco*; as outras se chamam *mudanças de atitude*.

Sejam agora α e β duas mudanças externas, e α' e β' duas mudanças internas. Suponhamos que α possa ser corrigida quer por α', quer por β'; e que α' possa corrigir quer α, quer β; a experiência nos informa então que β' pode igualmente corrigir β. Nesse caso, diremos que α e β correspondem ao *mesmo* deslocamento, e também que α' e β' correspondem ao *mesmo* deslocamento.

Isso posto, podemos imaginar um contínuo físico que chamaremos de *contínuo ou grupo dos deslocamentos*, e que definiremos como se segue. Os elementos desse contínuo serão as mudanças internas suscetíveis de corrigir uma mudança externa. Duas dessas mudanças internas α' e β' serão vistas como indiscerníveis: primeiro, se o são naturalmente, isto é, se são próximas demais uma da outra; segundo, se α' é suscetível de corrigir a mesma mudança externa que uma terceira mudança interna naturalmente indiscernível de β'. No segundo caso elas serão, por assim dizer, indiscerníveis por convenção, ou seja, se convencionarmos fazer abstração das circunstâncias que poderiam fazer com que fossem distinguidas.

Nosso contínuo está agora inteiramente definido, já que conhecemos seus elementos e precisamos em que condições eles podem ser vistos como indiscerníveis. Assim, temos tudo o que é necessário para aplicar nossa definição e determinar quantas dimensões tem esse contínuo. Verificaremos que tem *seis*. Portanto, já que o número de dimensões não é o mesmo, o contínuo dos deslocamentos não é equivalente ao espaço, é apenas aparentado com o espaço.

Como sabemos agora que esse contínuo dos deslocamentos tem seis dimensões? Nós o sabemos *por experiência*.

Seria fácil descrever as experiências pelas quais poderíamos chegar a esse resultado. Veríamos que nesse contínuo podemos praticar cortes que o dividem, e que são contínuos; que podemos dividir esses mesmos cortes com outros cortes da segunda ordem, que são ainda contínuos, e que só nos deteríamos após os cortes da sexta ordem, que não seriam mais contínuos. Segundo nossas definições, isso quereria dizer que o grupo dos deslocamentos tem seis dimensões.

Isso, como eu disse, seria fácil, mas seria bastante demorado; e não seria um pouco superficial? Esse grupo dos deslocamentos, como vimos, é aparentado com o espaço, e dele poderíamos deduzir o espaço, mas não é equivalente ao espaço, uma vez que não tem o mesmo número de dimensões; e mesmo que mostremos como a noção desse contínuo pode se formar, e como podemos deduzir dela a do espaço, ainda poderíamos nos perguntar por que o espaço de três dimensões nos é muito mais familiar do que esse contínuo de seis dimensões, e por conseguinte duvidar de que tenha sido por esse desvio que se formou no espírito humano a noção de espaço.

2. Identidade de dois pontos

O que é um ponto? Como saberemos se dois pontos do espaço são idênticos ou diferentes? Ou, em outros termos, quando digo: o objeto A ocupava no instante α o ponto que o objeto B ocupa no instante β, o que quer isso dizer?

Tal é o problema que nos propusemos no capítulo precedente, § 4. Como expliquei, não se trata de comparar as posições dos objetos A e B no espaço absoluto; nesse caso, a questão não teria manifestamente qualquer sentido; trata-se de comparar as posições desses dois objetos em relação a eixos invariavelmente ligados ao meu corpo, supondo sempre esse corpo submetido à mesma atitude.

Suponho que, entre os instantes α e β, eu não tenha movido nem meu corpo, nem meu olho, o que me é informado por meu sentido muscular. Também não mexi minha cabeça, nem meu braço, nem minha mão. Constato que, no instante α, impressões que eu atribuía ao objeto A me eram transmitidas umas por uma das fibras do meu nervo óptico, outras por um dos nervos sensitivos táteis do meu dedo; constato que, no instante β, outras impressões que atribuo ao objeto B me são transmitidas umas por essa mesma fibra do nervo óptico, outras por esse mesmo nervo tátil.

Aqui é necessário deter-me para uma explicação; como sou advertido de que essa impressão que atribuo a A e a que atribuo a B — qualitativamente diferentes — são transmitidas a mim pelo mesmo nervo? Devemos supor, tomando por exemplo as sensações visuais, que A produz duas sensações simultâneas, uma sensação puramente luminosa a e uma sensação colorida a', que B produz do mesmo modo, simultaneamente, uma sensação luminosa b e uma sensação colorida b', que, se essas diversas sensações me são transmitidas pela mesma fibra retiniana, a é idêntica a b, mas que em geral as sensações coloridas a' e b' produzidas por corpos diferentes são diferentes? Nesse caso, seria a identidade da sensação a que acompanha a sensação a' com a sensação b que acompanha a sensação b' — seria essa sensação, digo, que nos advertiria de que todas essas sensações me são transmitidas pela mesma fibra.

Seja qual for a pertinência dessa hipótese, e embora eu seja levado a preferir outras bem mais complicadas, é certo que de algum modo somos advertidos de que há alguma coisa em comum entre essas sensações $a + a'$ e $b + b'$, sem o que não teríamos nenhum meio de reconhecer que o objeto B tomou o lugar do objeto A.

Portanto, não insisto mais, e retomo a hipótese que acabo de levantar: suponho que tenha constatado que as impressões que atribuo a B me são transmitidas no instante β por aquelas mesmas fibras, tanto ópticas quanto táteis, que, no instante α, me haviam transmitido as impressões que eu atribuía a A. Se é assim, não hesitaremos em declarar que o ponto ocupado por B no instante β é idêntico ao ponto ocupado por A no instante α.

Acabo de enunciar duas condições para que esses dois pontos sejam idênticos; uma é relativa à visão e a outra, ao tato. Consideremo-las separadamente. A primeira é necessária, mas não suficiente.

A segunda é ao mesmo tempo necessária e suficiente. Alguém que soubesse geometria o explicaria facilmente da seguinte maneira: seja O o ponto da retina onde se forma no instante α a imagem do corpo A; seja M o ponto do espaço ocupado no instante α pelo corpo A; seja M' o ponto do espaço ocupado no instante β pelo corpo B. Para que esse corpo B forme sua imagem em O, não é necessário que os pontos M e M' coincidam: como a visão se exerce a distância, basta que os três pontos O M M' estejam em linha reta. Essa condição de que os dois objetos formem sua imagem em O é, pois, necessária, mas não suficiente para que os pontos M e M' coincidam. Seja agora P o ponto ocupado por meu dedo, e onde ele permanece, já que não se move. Como o tato não se exerce a distância, se o corpo A toca meu dedo no instante α, é porque M e P coincidem; se B toca meu dedo no instante α, é porque M' e P coincidem. Logo, M e M' coincidem. Logo, essa condição de que se A toca meu dedo no instante α, B o toca no instante β, é ao mesmo tempo necessária e suficiente para que M e M' coincidam.

Mas nós, que ainda não sabemos geometria, não podemos raciocinar assim; tudo o que podemos fazer é constatar experimentalmente que a primeira condição relativa à visão pode ser satisfeita sem que o seja a segunda, que é relativa ao tato, mas que a segunda não pode ser satisfeita sem que a primeira o seja.

Suponhamos que a experiência nos tenha informado o contrário. Isso seria possível, e essa hipótese nada tem de absurdo. Suponhamos então que tenhamos constatado experimentalmente que a condição relativa ao tato pode ser satisfeita sem que a da visão o seja, e que a da visão, ao contrário, não pode sê-lo sem que a do tato o seja. É claro que, se assim fosse, concluiríamos que é o tato que se pode exercer a distância, e que a visão não se exerce a distância.

Mas não é só isso; até aqui supus que, para determinar o lugar de um objeto, utilizava apenas meu olho e um só dedo; mas também poderia muito bem ter empregado outros meios, como por exemplo todos os meus outros dedos.

Suponho que meu primeiro dedo recebe no instante α uma impressão tátil que atribuo ao objeto A. Faço uma série de movimentos, que correspondem a uma série S de sensações musculares. Após esses movimentos, no instante α', meu *segundo* dedo recebe uma impressão tátil que atribuo igualmente a A. Em seguida, no instante β, sem que eu me tenha movido (o que me é informado pelo meu sentido muscular), esse mesmo segundo dedo me transmite de novo uma impressão tátil que atribuo desta vez ao objeto B; em seguida, faço uma série de movimentos que correspondem a uma série S' de sensações musculares. Sei que essa série S' é inversa à série S e corresponde a movimentos contrários. Como o sei? Porque experiências anteriores múltiplas me mostraram amiúde que se eu fizesse sucessivamente duas séries de movimentos que correspondessem a S e a S', as impressões primitivas se restabeleciam, isto é, as duas séries se compensavam mutuamente. Isso posto, devo esperar que no instante β', quando a segunda série de movimentos estiver terminada, meu *primeiro dedo* experimente uma impressão tátil atribuível ao objeto B?

Para responder a essa questão, aqueles que já soubessem geometria raciocinariam como se segue. Há chances de que o objeto A não se tenha movido entre os instantes α e α', nem o objeto B entre os instantes β e β'; admitamos isso. No instante α, o objeto A ocupava um certo ponto M do espaço. Ora, nesse instante ele tocava meu primeiro dedo e, *como o tato não se exerce a distância*, meu primeiro dedo estava igualmente no ponto M. Em seguida, fiz a série S de movimentos e, ao fim dessa série, no instante α', constatei que o objeto A tocava meu segundo dedo. Concluí daí que o segundo dedo encontrava-se então em M, isto é, que os movimentos S tinham como efeito levar o segundo dedo ao lugar do primeiro. No instante β, o objeto B entrou em contato com meu segundo dedo: como não me movi, esse segundo dedo permaneceu em M; logo, o objeto B veio para M; por hipótese, ele não se move até o instante β'. Mas entre os instantes β e β' fiz os movimentos S'; como esses movimentos são inversos aos movimentos S, devem ter como efeito levar meu primeiro dedo ao lugar do segundo. No instante β', esse primeiro dedo estará então em M; e como o objeto B está igualmente em M, esse objeto B tocará meu primeiro dedo. Devemos então responder "sim" à pergunta feita.

Quanto a nós, que ainda não sabemos geometria, não podemos raciocinar desse modo, mas constatamos que essa previsão geralmente se realiza; e podemos sempre explicar as exceções dizendo que o objeto A moveu-se entre os instantes α e α', ou o objeto B entre os instantes β e β'.

Mas a experiência não poderia ter dado um resultado contrário? Esse resultado contrário teria sido absurdo em si? É evidente que não.

O que teríamos feito então, se a experiência tivesse dado esse resultado contrário? Toda geometria se teria tornado assim impossível? De modo algum: nós nos limitaríamos a concluir que *o tato pode exercer-se a distância*.

Quando digo que o tato não se exerce a distância, mas a visão se exerce a distância, essa asserção só tem um sentido, que é o seguinte: para reconhecer se B ocupa, no instante β, o ponto ocupado por A no instante α, posso utilizar uma quantidade de critérios diferentes; em um intervém meu olho, no outro meu primeiro dedo, no outro meu segundo dedo etc. Pois bem, basta que o critério relativo a um dos meus dedos seja satisfeito para que todos os outros o sejam, mas não basta que o critério relativo ao olho o seja. Eis o sentido de minha asserção: limito-me a afirmar um fato experimental que geralmente se verifica.

Analisamos no fim do capítulo anterior o espaço visual; vimos que, para engendrar esse espaço, é preciso fazer intervir as sensações retinianas, a sensação de convergência e a sensação de acomodação; que se essas duas últimas não estivessem sempre de acordo, o espaço visual teria quatro dimensões, em vez de três; e, por outro lado, que se só fizéssemos intervir as sensações retinianas, obteríamos o "espaço visual simples", que só teria duas dimensões. Por outro lado, consideremos o espaço tátil, limitando-nos às sensações de um único dedo, isto é, em suma, o conjunto das posições que esse dedo pode ocupar. Esse espaço tátil, que analisaremos no parágrafo seguinte — e sobre o qual, por conseguinte, pedirei permissão para não me explicar mais, por enquanto —, esse espaço tátil, digo, tem três dimensões. Por que o espaço propriamente dito tem tantas dimensões quantas tem o espaço tátil, e mais que o espaço visual simples? É porque o tato não se exerce a distância, enquanto a visão se exerce a distância. Essas duas asserções têm apenas um único e mesmo sentido, e acabamos de ver qual é esse sentido.

Volto agora a um ponto pelo qual passara rapidamente para não interromper a discussão. Como sabemos que as impressões produzidas em nossa retina por A no instante α e por B no instante β nos são transmitidas pela mesma fibra retiniana, embora essas impressões sejam qualitativamente diferentes? Emiti uma hipótese simples, mas acrescentando que outras hipóteses, bem mais complicadas, pareciam-me mais provavelmente exatas. Eis essas hipóteses, sobre as quais já disse alguma coisa. Como sabemos que as impressões produzidas pelo objeto vermelho A no instante α e pelo objeto azul B no instante β — se esses dois objetos formaram sua imagem no mesmo ponto da retina —, como sabemos, digo, que essas impressões têm algo em comum? Podemos rejeitar a hipótese simples que eu emitira acima e admitir que essas duas impressões, qualitativamente diferentes, são transmitidas a mim por duas fibras nervosas diferentes, embora contíguas.

Que meio tenho então de saber que essas fibras são contíguas? É provável que não tivéssemos nenhum, se o olho fosse imóvel. Foram os movimentos do olho que nos informaram que há a mesma relação entre, de um lado, a sensação de azul no ponto A e a sensação de azul no ponto B da retina e, de outro, entre a sensação de vermelho no ponto A e a sensação de vermelho no ponto B. De fato, eles nos mostraram que os mesmos movimentos, correspondentes às mesmas sensações musculares, nos fazem passar da primeira à segunda, ou da terceira à quarta. Não insisto nessas considerações, que se prendem, como se vê, à questão dos signos locais levantada por Lotze.

3. O espaço tátil

Sei assim reconhecer a identidade de dois pontos — o ponto ocupado por A no instante α e o ponto ocupado por B no instante β, mas *com uma condição*: a de que eu não me tenha movido entre os instantes α e β. Isso não basta para nosso objeto. Suponhamos então que eu me tenha mexido de algum modo no intervalo desses dois instantes; como saberia se o ponto ocupado por A no instante α é idêntico ao ponto ocupado por B no instante β? Suponho que, no instante α, o objeto A' estava em contato com meu primeiro dedo e que, do mesmo modo, no instante β, o objeto B toca esse primeiro dedo; mas, ao mesmo tempo, meu sentido muscular me advertiu de que, no intervalo, meu corpo se moveu. Considerei acima duas séries de sensações musculares S e S', e disse que acontece às vezes sermos levados a considerar duas séries semelhantes S e S' como inversas entre si, porque observamos amiúde que, quando essas duas séries se sucedem, nossas impressões primitivas são restabelecidas.

Se então meu sentido muscular me adverte de que me movi entre os dois instantes α e β, mas de maneira a experimentar sucessivamente as duas séries de sensações musculares S e S', que considero como inversas, concluirei ainda, exatamente como se não me tivesse mexido, que os pontos ocupados por A no instante α e por B no instante β são idênticos, se constato que meu primeiro dedo toca A no instante α e B no instante β.

Essa solução ainda não é completamente satisfatória, como veremos. Vejamos de fato quantas dimensões ela nos faria atribuir ao espaço. Quero comparar os dois pontos ocupados por A e B nos instantes α e β, ou (o que dá no mesmo, já que suponho que meu dedo toca A no instante α e B no instante β) quero comparar os dois pontos ocupados por meu dedo nos dois instantes α e β. O único meio de que disponho para essa comparação é a série Σ das sensações musculares que acompanharam os movimentos de meu corpo entre esses dois instantes. As diversas séries Σ imagináveis formam evidentemente um contínuo físico do qual o número de dimensões é muito grande. Convencionemos, como fiz, não considerar como distintas as duas séries Σ e $\Sigma + S + S'$ quando as duas séries S e S' forem inversas entre si, no sentido dado acima a essa palavra; apesar dessa convenção, o conjunto das séries Σ distintas formará ainda um contínuo físico, e o número de dimensões será menor, mas ainda muito grande.

A cada uma dessas séries Σ corresponde um ponto do espaço; a duas séries Σ e Σ' corresponderão assim dois pontos M e M'. Os meios de que dispomos até aqui nos permitem reconhecer que M e M' não são distintos em dois casos: primeiro, se Σ é idêntica a Σ'; segundo, se $\Sigma' = \Sigma + S + S'$, S e S' sendo inversas entre si. Se, em todos os outros casos, víssemos M e M' como distintos, o conjunto dos pontos teria tantas dimensões quantas teria o conjunto das séries Σ distintas, isto é, muito mais de três.

Quanto àqueles que já sabem geometria, seria fácil fazê-los compreender raciocinando como se segue. Entre as séries de sensações musculares imagináveis, há algumas que correspondem a séries de movimentos em que o dedo não se move. Digo que, se não consideramos como distintas as séries Σ, e Σ + σ, onde a série σ corresponde a movimentos em que o dedo não se move, o conjunto das séries constituirá um contínuo de três dimensões, mas se considerarmos duas séries Σ e Σ' como distintas, a menos que Σ' = Σ + S + S', S e S' sendo inversas, o conjunto das séries constituirá um contínuo de mais de três dimensões.

Seja de fato no espaço uma superfície A, nessa superfície uma linha B, nessa linha um ponto M; seja C_0 o conjunto de todas as séries Σ, seja C_1 o conjunto de todas as séries Σ tais que no fim dos movimentos correspondentes o dedo se encontre na superfície A, e do mesmo modo sejam C_2 ou C_3 o conjunto das séries Σ tais que no fim o dedo se encontre em B ou em M. Antes de mais nada, é claro que C_1 constituirá um corte que dividirá C_0, que C_2 será um corte que dividirá C_1, e C_3 um corte que dividirá C_2. Segundo nossas definições, daí resulta que se C_3 é um contínuo de n dimensões, C_0 será um contínuo físico de $n + 3$ dimensões.

Sejam então Σ e Σ' = Σ + σ duas séries que fazem parte de C_3; para ambas, ao fim dos movimentos, o dedo se encontra em M; resulta daí que, no início e no fim da série σ, o dedo está no mesmo ponto M. Essa série σ é, portanto, uma das que correspondem a movimentos em que o dedo não se move. Se não consideramos Σ e Σ + σ como distintas, todas as séries de C_3 se confundirão numa só; logo, C_3 terá zero dimensão, e C_0, como eu queria demonstrar, terá três. Se, ao contrário, não considero Σ e Σ + σ como confundidas (a menos que σ = S + S', S e S' sendo inversas), é claro que C_3 conterá um grande número de séries de sensações distintas; pois sem que o dedo se mova, o corpo pode assumir uma quantidade de atitudes diferentes. Então, C_3 formará um contínuo, e C_0 terá mais de três dimensões, e é também isso que eu queria demonstrar.

Nós, que ainda não sabemos geometria, não podemos raciocinar desse modo; só podemos constatar. Mas então apresenta-se uma questão: como, antes de saber geometria, fomos levados a distinguir das outras essas séries σ em que o dedo não se mexe? De fato, só após ter feito essa distinção poderemos ser levados a considerar Σ e Σ + σ como idênticas, e somente com essa condição, como acabamos de ver, podemos chegar ao espaço de três dimensões.

Somos levados a distinguir as séries σ, porque acontece frequentemente que, quando executamos os movimentos que correspondem àquelas séries σ de sensações musculares, as sensações táteis que nos são transmitidas pelo nervo do dedo a que chamamos primeiro dedo, essas sensações táteis, digo, persistem, e não são alteradas por esses movimentos. Isso é a experiência que nos informa, e só ela nos poderia informá-lo.

Se distinguíramos as séries de sensações musculares S + S' formadas pela reunião de duas séries inversas, é porque elas conservavam o conjunto de nossas impressões; se agora distinguimos as séries σ, é porque estas conservam *algumas* de nossas impressões. (Quando digo que uma série de sensações musculares S "conserva" uma de nossas impressões A, quero dizer que constatamos que se experimentamos a impressão A, depois as sensações musculares S, experimentaremos *ainda* a impressão A *após* essas sensações S.)

Disse acima que acontece *frequentemente* as séries σ não alterarem as impressões táteis experimentadas por nosso primeiro dedo; disse *frequentemente*, não disse *sempre*; é o que exprimimos em nossa linguagem habitual, ao dizer que a impressão tátil não seria alterada se o dedo não se moveu, *com a condição* de que o objeto A, que estava em contato com esse dedo, também não se tenha movido. Antes de saber geometria, não podemos dar essa explicação; tudo o que podemos fazer é constatar que a impressão persiste frequentemente, mas nem sempre.

Mas basta que ela persista frequentemente para que as séries σ nos apareçam como *notáveis*, para que sejamos levados a dispor numa mesma classe as séries Σ e Σ + σ, e daí não mais considerá-las como distintas. Nessas condições, vimos que elas engendrarão um contínuo físico de três dimensões.

Eis portanto um espaço de três dimensões engendrado por meu primeiro dedo. Cada um de meus dedos engendrará um semelhante. Como somos levados a considerá-los como idênticos ao espaço visual, como idênticos ao espaço geométrico, é o que resta examinar.

Mas, antes de ir adiante, façamos uma reflexão; segundo o que precede, só conhecemos os pontos do espaço, ou, num sentido mais geral, a situação *final* de nosso corpo, pelas séries de sensações musculares que nos revelam os movimentos que nos fizeram passar de uma certa situação inicial a essa situação final. Mas é claro que essa situação final dependerá, por um lado, desses movimentos e, *por outro lado, da situação inicial* de onde partimos. Ora, esses movimentos nos são revelados por nossas sensações musculares, mas nada nos faz conhecer a situação inicial; nada pode nos fazer distingui-la de todas as outras situações possíveis. Eis algo que põe bem em evidência a relatividade essencial do espaço.

4. Identidade dos diversos espaços

Somos portanto levados a comparar os dois contínuos C e C', engendrados, por exemplo, um por meu primeiro dedo D, o outro por meu segundo dedo D'. Esses dois contínuos físicos têm, cada um, três dimensões. A cada elemento do contínuo C, ou — se preferirmos nos exprimir assim — a cada ponto do primeiro espaço tátil, corresponde uma série de sensações musculares Σ que me fazem passar de uma certa situação inicial a uma certa situação final.* Além disso, o mesmo ponto desse primeiro espaço corresponderá a Σ e a $\Sigma + \sigma$, se σ é uma série da qual sabemos que não faz mexer o dedo D.

Assim também, a cada elemento do contínuo C', ou a cada ponto do segundo espaço tátil, corresponde uma série de sensações Σ', e o mesmo ponto corresponderá a Σ' e $\Sigma' + \sigma'$, se σ' é uma série que não faz mexer o dedo D'.

---

* Em vez de dizer que relacionamos o espaço a eixos rigidamente ligados a nosso corpo, talvez fosse melhor dizer, em conformidade com o que precede, que o relacionamos a eixos rigidamente ligados à situação inicial de nosso corpo. (N. do A.)

O que nos faz então distinguir as séries σ e σ' é que as primeiras não alteram as impressões táteis experimentadas pelo dedo D, e as segundas conservam aquelas que o dedo D' experimenta.

Ora, eis o que constatamos: no início, meu dedo D' experimenta uma sensação A'; faço movimentos que engendram as sensações musculares S; meu dedo D experimenta a impressão A; faço movimentos que engendram uma série de sensações σ; meu dedo D' continua a experimentar a impressão A, já que isso é a propriedade característica das séries σ; em seguida, faço movimentos que engendram a série S' de sensações musculares, *inversa* de S, no sentido dado acima a essa palavra. Constato então que meu dedo D experimenta de novo a impressão A'. (É evidente que, para isso, é preciso que Σ tenha sido convenientemente escolhida.)

O que quer dizer que a série S + σ + S', que conserva as impressões táteis do dedo D', é uma das séries que chamei de σ'. Inversamente, se tomamos uma série σ' qualquer, S' + σ' + S será uma das séries que chamamos de σ.

Assim, se S é convenientemente escolhida, S + σ + S' será uma série σ', e fazendo variar σ de todas as maneiras possíveis, obteremos todas as séries σ' possíveis.

Sem saber ainda geometria, limitamo-nos a constatar isso, mas eis como aqueles que sabem geometria explicariam o fato. No início, meu dedo D' está no ponto M, em contato com o objeto *a*, que o faz experimentar a impressão A'; faço os movimentos que correspondem à série S; eu disse que esta série devia ser convenientemente escolhida, e devo fazer essa escolha de tal modo que esses movimentos levem o dedo D ao ponto primitivamente ocupado pelo dedo D', isto é, ao ponto M; esse dedo D estará assim em contato com o objeto *a*, que o fará experimentar a impressão A.

Faço em seguida os movimentos que correspondem à série σ; nesses movimentos, por hipótese, a posição do dedo D não muda, e esse dedo permanece então em contato com o objeto *a*, e continua a experimentar a impressão A. Faço enfim os movimentos que correspondem à série S'. Como S' é inversa a S, esses movimentos levarão o dedo D' ao ponto ocupado inicialmente pelo dedo D, isto é, ao ponto M. Se, como é permitido supor, o objeto *a* não se moveu, esse dedo D' se encontrará em contato com esse objeto e experimentará de novo a impressão A'. C.Q.D.

Vejamos as consequências. Considero uma série de sensações musculares Σ; a essa série corresponderá um ponto M do primeiro espaço tátil. Retomemos agora as duas séries S e S', inversas entre si, das quais acabamos de falar. À série S + Σ + S' corresponderá um ponto N do segundo espaço tátil, já que a uma série qualquer de sensações musculares corresponde, como dissemos, um ponto, quer no primeiro espaço, quer no segundo.

Vou considerar os dois pontos N e M, assim definidos, como se correspondendo. O que me autoriza a fazê-lo? Para que essa correspondência seja admissível, é preciso que, se houver identidade entre dois pontos M e M' que correspondem no primeiro espaço a duas séries Σ e Σ', haja também identidade entre os dois pontos correspondentes do segundo espaço N e N', isto é, entre os dois pontos que correspondem às duas séries S + Σ + S' e S + Σ' + S'. Ora, vamos ver que essa condição é satisfeita.

Façamos de início uma observação. Como S e S' são reciprocamente inversas, teremos S + S' = 0, e por conseguinte S + S' + Σ = Σ + S + S' = Σ, ou ainda Σ + S + S' + Σ' = Σ + Σ'; mas não resulta que se tenha S + Σ + S' = Σ; pois embora tenhamos usado o sinal de adição para representar a sucessão de nossas sensações, é claro que a ordem dessa sucessão não é indiferente: não podemos portanto, como na adição comum, inverter a ordem dos termos; usando uma linguagem abreviada, nossas operações são associativas, mas não comutativas.

Isso posto, para que Σ e Σ' correspondam ao mesmo ponto M = M' do primeiro espaço, é preciso e basta que se tenha $\Sigma' = \Sigma + \sigma$. Teremos então:

$$S + \Sigma' + S' = S + \Sigma + \sigma + S' = S + \Sigma + S' + S + \sigma + S'.$$

Mas acabamos de constatar que S + σ + S' era uma das séries σ'. Teremos então:

$$S + \Sigma' + S' = S + \Sigma + S' + \sigma',$$

o que quer dizer que as séries S + Σ' + S' e S + Σ + S' correspondem ao mesmo ponto N = N' do segundo espaço. C.Q.D.

Nossos dois espaços se correspondem, então, ponto a ponto; podem ser "transformados" um no outro; são isomorfos; como somos levados a concluir daí que são idênticos?

Consideremos as duas séries σ e $S + \sigma + S' = \sigma'$. Eu disse que frequentemente, mas não sempre, a série σ conserva a impressão tátil A experimentada pelo dedo D; e do mesmo modo acontece frequentemente, mas não sempre, a série σ' conservar a impressão tátil A' experimentada pelo dedo D'. Ora, constato que acontece *muito frequentemente* (isto é, muito mais frequentemente do que o que acabo de exprimir ao dizer "frequentemente") que, quando a série σ conservou a impressão A do dedo D, a série σ' conserva ao mesmo tempo a impressão A' do dedo D'; e inversamente acontece que se a primeira impressão é alterada, a segunda o é igualmente. Isso acontece *muito frequentemente*, mas não sempre.

Interpretamos esse fato experimental dizendo que o objeto desconhecido a, que causa a impressão A no dedo D, é idêntico ao objeto desconhecido a', que causa a impressão A' no dedo D'. E, de fato, quando o primeiro objeto se move, o que nos é advertido pelo desaparecimento da impressão A, o segundo também se move, já que a impressão A' também desaparece. Quando o primeiro objeto permanece imóvel, o segundo permanece imóvel. Se esses dois objetos são idênticos, como o primeiro está no ponto M do primeiro espaço e o segundo, no ponto N do segundo espaço, então esses dois pontos são idênticos. Eis aí como somos levados a considerar esses dois espaços como idênticos; ou melhor, eis o que queremos dizer quando dizemos que eles são idênticos.

O que acabamos de dizer da identidade dos dois espaços táteis nos dispensa de discutir a questão da identidade do espaço tátil e do espaço visual, que seria tratada do mesmo modo.

5. O espaço e o empirismo

Parece que vou ser levado a conclusões conformes às ideias empiristas. Procurei realmente pôr em evidência o papel da experiência e analisar os fatos experimentais que intervêm na gênese do espaço de três dimensões. Mas, qualquer que seja a importância desses fatos, há uma coisa que não devemos esquecer e sobre a qual, aliás, já chamei atenção mais de uma vez. Esses fatos experimentais verificam-se frequentemente, mas não sempre. Evidentemente, isso não quer dizer que o espaço tem três dimensões frequentemente, mas não sempre.

Sei bem que é fácil sair-se bem da situação e que, se os fatos não se verificam, explicaremos isso facilmente dizendo que os objetos exteriores se moveram. Se a experiência é bem-sucedida, diz-se que ela nos informa sobre o espaço; se não é bem-sucedida, jogamos a culpa nos objetos exteriores, que acusamos de se terem movido; em outros termos, se ela não é bem-sucedida, damos-lhe uma "ajuda".

Essas ajudas são legítimas, não discordo delas; mas bastam para nos advertir de que as propriedades do espaço não são verdades experimentais propriamente ditas. Se tivéssemos desejado verificar outras leis, também poderíamos ter conseguido, dando outras ajudas semelhantes. Não poderíamos ter sempre justificado essas ajudas com as mesmas razões? Quando muito, poderiam dizer-nos: "Sem dúvida, suas ajudas são legítimas, mas os senhores abusam delas; para que fazer moverem-se tão frequentemente os objetos exteriores?"

Em resumo, a experiência não nos prova que o espaço tem três dimensões; prova-nos que é cômodo atribuir-lhe três, porque é assim que o número de ajudas é reduzido ao mínimo.

Será preciso acrescentar que a experiência sempre nos levaria apenas ao espaço representativo, que é um contínuo físico, e não ao espaço geométrico, que é um contínuo matemático? Quando muito, poderia nos informar que é cômodo dar ao espaço geométrico três dimensões, para que ele tenha tantas quantas tem o espaço representativo.

A questão empírica pode ser apresentada sob uma outra forma. Será impossível conceber os fenômenos físicos, os fenômenos mecânicos, por exemplo, de outro modo que não no espaço de três dimensões? Teríamos desse modo uma prova experimental objetiva, por assim dizer, independente de nossa fisiologia, de nossos modos de representação.

Mas não é assim; não discutirei completamente a questão aqui, irei limitar-me a relembrar o exemplo impressionante que nos dá a mecânica de Hertz.

O grande físico não acreditava na existência das forças propriamente ditas; supunha que os pontos materiais visíveis estão submetidos a certas ligações invisíveis que os ligam a outros pontos invisíveis, e que é o efeito dessas ligações invisíveis que atribuímos às forças.

Mas isso é apenas uma parte de suas ideias. Suponhamos um sistema formado de n pontos materiais, visíveis ou não; isso dará ao todo $3n$ coordenadas; consideremo-las como as coordenadas de um ponto *único* no espaço de $3n$ dimensões. Esse ponto único estaria obrigado a permanecer numa superfície (de um número qualquer de dimensões $< 3n$), em virtude das ligações das quais acabamos de falar; para ir de um ponto a outro nessa superfície, ele tomaria sempre o caminho mais curto; esse seria o princípio único que resumiria toda a mecânica.

Seja o que for que pensemos dessa hipótese (seduzidos por sua simplicidade ou insatisfeitos com seu caráter artificial), o simples fato de que Hertz tenha podido concebê-la e considerá-la como mais cômoda do que nossas hipóteses habituais basta para provar que nossas ideias correntes e, em particular, as três dimensões do espaço de modo algum se impõem ao especialista em mecânica com uma força invencível.

6. O espírito e o espaço

A experiência, portanto, desempenhou apenas um único papel: forneceu a oportunidade. Mas nem por isso esse papel deixava de ser muito importante, e julguei necessário ressaltá-lo. Esse papel teria sido inútil se existisse uma forma *a priori* que se impusesse a nossa sensibilidade, e que seria o espaço de três dimensões.

Essa forma existe? Dito de outra maneira, podemos representar o espaço de mais de três dimensões? E, antes de mais nada, o que significa essa questão? No verdadeiro sentido da palavra, é claro que não podemos representar o espaço de quatro dimensões, nem o de três; antes de tudo, não podemos representá-los vazios, e também não podemos representar um objeto nem no espaço de quatro dimensões nem no de três: primeiro, porque esses espaços são ambos infinitos, e não poderíamos representar uma figura *no* espaço, isto é, a parte *no* todo, sem representar o todo, e isso é impossível, já que esse todo é infinito; segundo, porque esses espaços são ambos contínuos matemáticos, e só podemos representar o contínuo físico; terceiro, porque esses espaços são ambos homogêneos, e porque os quadros onde encerramos nossas sensações, por serem limitados, não podem ser homogêneos.

Assim, a questão formulada só se pode entender de um modo: é possível imaginar que, tendo sido diferentes os resultados das experiências relatadas acima, tenhamos sido levados a atribuir ao espaço mais de três dimensões? A imaginar, por exemplo, que a sensação de acomodação não esteja constantemente de acordo com a sensação de convergência dos olhos? Ou então que as experiências das quais falamos no § 2, e cujo resultado exprimimos dizendo que "o tato não se exerce a distância", nos tenham levado a uma conclusão inversa?

Então é evidente que sim, isso é possível; quando imaginamos uma experiência, imaginamos por isso mesmo os dois resultados contrários que ela pode dar. Isso é possível, mas é difícil, porque temos que vencer uma quantidade de associações de ideias, que são fruto de uma longa experiência pessoal, e da experiência ainda mais longa da espécie. Serão essas associações (ou ao menos, dentre elas, as que herdamos de nossos ancestrais) que constituem essa forma *a priori* da qual nos dizem que temos a intuição pura? Então não vejo por que ela seria declarada refratária à análise, e me seria negado o direito de procurar sua origem.

Quando dizemos que nossas sensações são "estendidas", só podemos querer dizer uma coisa: é que elas se encontram sempre associadas à ideia de certas sensações musculares que correspondem aos movimentos que permitiriam alcançar o objeto que as causa; que permitiriam, em outros termos, defender-se delas. E, justamente porque essa associação é útil à defesa do organismo, ela é tão antiga na história da espécie e nos parece indestrutível. Entretanto, é apenas uma associação, e podemos aceitar que ela seja rompida; de modo que não se pode dizer que a sensação não pode entrar na consciência sem entrar no espaço, mas que na verdade ela não entra na consciência sem entrar no espaço, isto é, sem estar envolvida nessa associação.

Também não posso compreender que se diga que a ideia de tempo é posterior logicamente à de espaço, porque só podemos imaginá-lo sob a forma de uma reta; é o mesmo que dizer que o tempo é posterior logicamente à agricultura, porque é representado geralmente armado de uma foice. É óbvio que não se pode imaginar simultaneamente as diversas partes do tempo, já que o caráter essencial dessas partes é precisamente o de não serem simultâneas. Isso não quer dizer que não tenhamos a intuição do tempo. Desse modo, também não teríamos a do espaço, pois também este não podemos representar, no sentido literal da palavra, pelas razões que mencionei. O que representamos com o nome de reta é uma imagem grosseira que se assemelha tão pouco à reta geométrica quanto ao próprio tempo.

Por que se disse que toda tentativa de dar uma quarta dimensão ao espaço reduz sempre esta última a uma das três outras? É fácil compreendê-lo. Tomemos nossas sensações musculares e as "séries" que elas podem formar. Depois de numerosas experiências, as ideias dessas séries são associadas entre si numa trama muito complexa: nossas séries são *classificadas*. Que me permitam, para a comodidade da linguagem, exprimir meu pensamento de um modo inteiramente grosseiro e até inexato, dizendo que nossas séries de sensações musculares são classificadas em três classes que correspondem às três dimensões do espaço. É claro que essa classificação é muito mais complicada, mas isso bastará para fazer compreender meu raciocínio. Se quero imaginar uma quarta dimensão, suporei uma outra série de sensações musculares que fazem parte de uma quarta classe. Mas como *todas* as minhas sensações musculares já foram dispostas em uma das três classes preexistentes, só posso representar uma série que pertence a uma dessas três classes, de modo que minha quarta dimensão é reduzida a uma das três outras.

O que é que isso prova? Que teria sido preciso, de início, destruir a antiga classificação e substituí-la por uma nova, onde as séries de sensações musculares tivessem sido divididas em quatro classes. A dificuldade teria desaparecido.

Ela é apresentada, por vezes, sob uma forma mais impressionante. Suponhamos que eu esteja encerrado num quarto, entre os seis limites intransponíveis formados pelas quatro paredes, o teto e o chão; ser-me-á impossível sair e imaginar que saio. "Perdão, não pode imaginar que a porta se abre, ou que duas dessas paredes se afastam?" "Mas é claro", responderão, "é preciso que se suponha que essas paredes permanecem imóveis." "Sim, mas é evidente que eu tenho o direito de me mover; então, as paredes que supomos em repouso absoluto estarão em movimento em relação a mim." "Sim, mas um tal movimento relativo não pode ser qualquer movimento; quando objetos estão em repouso, seu movimento em relação a determinados eixos é o de um corpo sólido invariável; ora, os movimentos aparentes que o senhor imagina não são conformes às leis do movimento de um sólido invariável." "Sim, mas foi a experiência que nos ensinou as leis do movimento de um sólido invariável; nada impediria *de imaginar* que elas fossem diferentes. Em suma, para imaginar que saio da minha prisão, só tenho de imaginar que as paredes parecem afastar-se quando me movo."

Creio, portanto, que se por espaço se entende um contínuo matemático de três dimensões, fosse ele, aliás, amorfo, é o espírito que o constrói, mas não o constrói a partir do nada, precisa de materiais e modelos. Esses materiais, assim como esses modelos, preexistem nele. Mas não há um modelo único que se imponha a ele; há *escolha*; ele pode escolher, por exemplo, entre o espaço de quatro e o espaço de três dimensões. Qual é então o papel da experiência? É ela que lhe dá as indicações segundo as quais ele faz sua escolha.

Outra coisa: de onde vem o caráter quantitativo do espaço? Vem do papel que desempenham em sua gênese as sensações musculares. São séries que podem *repetir-se*, e é de sua repetição que vem o número; é porque elas podem repetir-se indefinidamente que o espaço é infinito. Enfim, vimos no fim do § 3 que é também por isso que o espaço é relativo. Assim, foi a repetição que deu ao espaço seus caracteres essenciais; ora, a repetição supõe o tempo; basta dizer que o tempo é anterior logicamente ao espaço.

7. Papel dos canais semicirculares

Até aqui, não falei do papel de certos órgãos aos quais os fisiologistas atribuem com razão uma importância capital; falo dos canais semicirculares. Numerosas experiências mostraram suficientemente que esses canais são necessários ao nosso sentido de orientação; mas os fisiologistas não estão totalmente de acordo; duas teorias opostas foram propostas: a de Mach-Delage e a do sr. de Cyon.

O sr. de Cyon é um fisiologista que ilustrou seu nome com importantes descobertas sobre a inervação do coração; eu não poderia, contudo, partilhar suas ideias sobre a questão de que tratamos. Não sendo fisiologista, hesito em criticar as experiências que ele dirigiu contra a teoria oposta de Mach-Delage; parece-me, contudo, que elas não são probantes, pois, em muitas delas, fazia-se variar a pressão em um dos canais *inteiro*, enquanto o que varia, fisiologicamente, é a *diferença* entre as pressões nas duas extremidades do canal; em outras, os órgãos estavam profundamente lesados, o que devia alterar suas funções.

Pouco importa, aliás; se fossem irrepreensíveis, as experiências poderiam ser probantes contra a teoria antiga. Não poderiam sê-lo *a favor* da nova teoria. Se de fato bem compreendi a teoria, bastar-me-á expô-la para que se compreenda que é impossível conceber uma experiência que a confirme.

Os três pares de canais teriam por única função advertir-nos de que o espaço tem três dimensões. Os camundongos japoneses só têm dois pares de canais; ao que parece, eles "pensam" que o espaço só tem duas dimensões e manifestam essa opinião do modo mais estranho; dispõem-se em círculo, cada um pondo o nariz sob a cauda do precedente, e, assim dispostos, põem-se a rodar rapidamente. As lampreias, que têm apenas um par de canais, "pensam" que o espaço só tem uma dimensão, mas suas manifestações são menos tumultuosas.

É evidente que uma tal teoria não é admissível. Os órgãos dos sentidos são destinados a nos advertir das *mudanças* que se produzem no mundo exterior. Não se compreenderia por que o Criador nos teria dado órgãos destinados a nos gritar sem parar: "Lembra-te de que o espaço tem três dimensões, já que o número dessas três dimensões não está sujeito a mudanças."

Portanto, devemos voltar à teoria de Mach-Delage. O que os nervos dos canais podem nos revelar é a diferença de pressão nas duas extremidades do mesmo canal, e assim:

1º – a direção da vertical em relação a três eixos rigidamente ligados à cabeça;

2º – os três componentes da aceleração de translação do centro de gravidade da cabeça;

3º – as forças centrífugas desenvolvidas pela rotação da cabeça;

4º – a aceleração do movimento de rotação da cabeça.

Das experiências do sr. Delage resulta que essa última indicação é, de longe, a mais importante; sem dúvida, porque os nervos são menos sensíveis à própria diferença de pressão do que às variações bruscas dessa diferença. Assim, as três primeiras indicações podem ser negligenciadas.

Conhecendo a aceleração do movimento de rotação da cabeça a cada instante, deduzimos, por uma integração inconsciente, a orientação final da cabeça, relacionada a uma certa orientação inicial tomada como origem. Os canais circulares contribuem portanto para nos informar sobre os movimentos que executamos, e isso do mesmo modo que as sensações musculares. Portanto, quando falávamos acima da série S ou da série Σ, deveríamos ter dito não que eram séries de sensações musculares somente, mas que eram séries ao mesmo tempo de sensações musculares e de sensações devidas aos canais semicirculares. Afora esse acréscimo, nada teríamos a mudar no que já foi dito.

Nessas séries S e Σ, essas sensações de canais semicirculares ocupam evidentemente um lugar muito importante. Contudo, por si sós, elas não bastariam; pois só podem nos informar sobre os movimentos da cabeça; nada nos ensinam sobre os movimentos relativos do tronco, ou dos membros em relação à cabeça. Além disso, parece que elas nos informam apenas sobre as rotações da cabeça, e não sobre as translações que ela pode realizar.

SEGUNDA PARTE
AS CIÊNCIAS FÍSICAS

CAPÍTULO V

A análise e a física

I. Sem dúvida já lhes perguntaram muitas vezes para que serve a matemática, e se essas delicadas construções que tiramos inteiras de nosso espírito não são artificiais, concebidas por nosso capricho.

Entre os que fazem essa pergunta, devo fazer uma distinção; os práticos reclamam de nós apenas um meio de ganhar dinheiro. Estes não merecem resposta; é a eles, antes, que conviria perguntar para que serve acumular tantas riquezas e se, para ter tempo de adquiri-las, é preciso negligenciar a arte e a ciência, as únicas que podem nos proporcionar espíritos capazes de usufruí-las,

et propter vitam vivendi perdere causas.*

Aliás, uma ciência unicamente feita tendo em vista aplicações é impossível; as verdades só são fecundas se forem ligadas umas às outras. Se nos prendemos somente àquelas das quais se espera um resultado imediato, faltarão os elos intermediários, e não haverá mais cadeia.

Os homens mais desdenhosos da teoria aí encontram, sem perceber, um alimento diário; se fôssemos privados desse alimento, o progresso seria rapidamente sustado, e logo nos cristalizaríamos na imobilidade da China.

Mas basta de nos ocuparmos dos práticos intransigentes. Ao lado deles há aqueles que, apenas curiosos quanto à natureza, nos perguntam se temos condições de fazer com que a conheçam melhor.

Para responder-lhes, só temos que lhes mostrar os dois monumentos já esboçados da mecânica celeste e da física matemática.

Sem dúvida concordariam em que esses monumentos valem bem o trabalho que nos custaram. Mas isso não basta.

---

* E por causa da vida perdem-se as razões de viver. (N. da T.)

A matemática tem um tríplice objetivo. Deve fornecer um instrumento para o estudo da natureza.

Mas não é só isso: tem um objetivo filosófico e, ouso dizer, um objetivo estético.

Deve ajudar o filósofo a aprofundar as noções de número, espaço e tempo.

Seus adeptos, sobretudo, encontram nela fruições análogas às proporcionadas pela pintura e a música. Admiram a delicada harmonia dos números e das formas; maravilham-se quando uma nova descoberta lhes abre uma perspectiva inesperada; e a alegria que assim experimentam não tem caráter estético, embora os sentidos não tenham nela nenhuma participação? Poucos privilegiados são chamados a gozá-la plenamente, é verdade, mas não acontece o mesmo com as mais nobres artes?

Por isso não hesito em dizer que a matemática merece ser cultivada por si mesma, e que as teorias que não têm aplicação na física devem sê-lo, tanto como as outras.

Mesmo que o objetivo físico e o objetivo estético não fossem solidários entre si, não deveríamos sacrificar nenhum dos dois.

Mas não é só isso; esses dois objetivos são inseparáveis, e o melhor meio de atingir um é visar o outro, ou ao menos jamais perdê-lo de vista. É o que vou me esforçar por demonstrar, precisando a natureza das relações entre a ciência pura e suas aplicações.

O matemático não deve ser para o físico um simples fornecedor de fórmulas; é preciso que haja entre eles uma colaboração mais íntima.

A física matemática e a análise pura não são apenas potências limítrofes, que mantêm relações de boa vizinhança; penetram-se mutuamente, e seu espírito é o mesmo.

Isso será mais bem compreendido quando eu tiver mostrado o que a física recebe da matemática e o que a matemática, em compensação, toma da física.

II. O físico não pode pedir ao analista que lhe revele uma nova verdade; quando muito, este último poderia ajudá-lo a pressenti-la.

Faz muito tempo que ninguém mais pensa em adiantar-se à experiência, ou em construir o mundo inteiramente baseado em algumas hipóteses apressadas. De todas as construções com as quais as pessoas ainda se compraziam ingenuamente há um século, hoje não restam mais que ruínas.

Todas as leis, pois, provêm da experiência, mas para enunciá-las é preciso uma língua especial; a linguagem corrente é demasiado pobre, e aliás muito vaga para exprimir relações tão delicadas, tão ricas e tão precisas.

Eis portanto uma primeira razão pela qual o físico não pode prescindir da matemática; ela lhe fornece a única língua que ele pode falar.

E uma língua bem-feita não é uma coisa indiferente; para nos limitarmos à física, o homem desconhecido que inventou a palavra *calor* destinou muitas gerações ao erro. O calor foi tratado como uma substância, simplesmente porque era designado por um substantivo, e foi julgado indestrutível.

Em compensação, aquele que inventou a palavra *eletricidade* teve a felicidade imerecida de dotar implicitamente a física de uma nova lei: a da conservação da eletricidade, que, por puro acaso, verificou-se ser exata, ao menos até agora.

Pois bem, continuando a comparação, os escritores que embelezam uma língua, que a tratam como um objeto de arte, fazem dela ao mesmo tempo um instrumento mais flexível, mais apto a transmitir as nuanças do pensamento.

Compreendemos então como o analista, que persegue um objetivo puramente estético, por isso mesmo contribui para criar uma língua mais apta a satisfazer o físico.

Mas não é só isso; a lei provém da experiência, mas não imediatamente. A experiência é individual, e a lei que dela se tira é geral; a experiência é apenas aproximada, e a lei é precisa, ou ao menos pretende sê-lo. A experiência se realiza em condições sempre complexas, e o enunciado da lei elimina essas complicações. É o que chamamos "corrigir os erros sistemáticos".

Em uma palavra, para extrair da experiência a lei, é preciso generalizar; é uma necessidade que se impõe ao mais circunspecto observador.

Mas como generalizar? Evidentemente, toda verdade particular pode ser estendida de uma infinidade de maneiras. Entre os mil caminhos que se abrem diante de nós, é preciso fazer uma escolha, ao menos provisória; nessa escolha, quem nos guiará?

Só poderá ser a analogia. Mas como essa palavra é vaga! O homem primitivo só conhece as analogias grosseiras, aquelas que impressionam os sentidos — as das cores ou dos sons. Não seria ele que teria pensado, por exemplo, em estabelecer a relação entre a luz e o calor radiante.

Quem nos ensinou a conhecer as analogias verdadeiras e profundas, aquelas que os olhos não veem, e que a razão adivinha?

O espírito matemático, que desdenha a matéria para só se ater à forma pura. Foi ele que nos ensinou a chamar pelo mesmo nome seres que só diferem pela matéria, a chamar pelo mesmo nome, por exemplo, a multiplicação dos quatérnions e a dos números inteiros.

Se os quatérnions, dos quais acabo de falar, não tivessem sido prontamente utilizados pelos físicos ingleses, sem dúvida muitas pessoas só veriam neles um devaneio ocioso; contudo, ensinando-nos a aproximar o que as aparências separam, eles já nos teriam tornado mais aptos a penetrar os segredos da natureza.

São esses os serviços que o físico deve esperar da análise, mas para que essa ciência possa prestar-lhe esses serviços, é preciso que ela seja cultivada do modo mais amplo, sem preocupação imediata de utilidade: é preciso que o matemático tenha trabalhado como artista.

O que lhe pedimos é que nos ajude a ver, a discernir nosso caminho no labirinto que se nos oferece. Ora, quem vê melhor é aquele que mais ascendeu.

Os exemplos abundam, e me limitarei aos mais impressionantes. O primeiro nos mostrará como basta mudar de linguagem para perceber generalizações que inicialmente não suspeitáramos.

Quando a lei de Newton substituiu a de Kepler, ainda não conhecíamos senão o movimento elíptico. Ora, no que diz respeito a esse movimento, as duas leis só diferem pela forma; passamos de uma à outra por uma simples diferenciação.

E contudo, da lei de Newton podemos deduzir, por uma generalização imediata, todos os efeitos das perturbações e toda a mecânica celeste. Ao contrário, se tivéssemos conservado o enunciado de

Kepler, jamais teríamos visto as órbitas perturbadas dos planetas (aquelas curvas complicadas cuja equação ninguém jamais escreveu) como as generalizações naturais da elipse. Os progressos das observações só teriam servido para fazer crer no caos.

O segundo exemplo também merece uma meditação.

Quando Maxwell começou seus trabalhos, as leis da eletrodinâmica até então admitidas explicavam todos os fatos conhecidos. Não foi uma experiência nova que veio invalidá-las.

Porém, ao enfocá-las sob um novo ângulo, Maxwell percebeu que as equações se tornam mais simétricas quando a elas acrescentamos um termo, e por outro lado esse termo era pequeno demais para produzir efeitos apreciáveis com os métodos antigos.

Sabe-se que os pontos de vista *a priori* de Maxwell esperaram vinte anos por uma confirmação experimental; ou, se preferirem, Maxwell adiantou-se à experiência em vinte anos.

Como foi obtido esse triunfo?

É que Maxwell estava profundamente impregnado do sentido da simetria matemática; teria acontecido o mesmo se, antes dele, outros não tivessem buscado essa simetria por sua beleza própria?

É que Maxwell estava habituado a "pensar em vetores"; contudo, se os vetores se introduziram na análise, foi pela teoria dos números imaginários. E aqueles que inventaram esses números imaginários quase não se davam conta de como eles seriam proveitosos para o estudo do mundo real. O nome que lhes deram o prova suficientemente.

Em uma palavra, Maxwell talvez não fosse um hábil analista, mas essa habilidade teria sido para ele apenas uma bagagem inútil e embaraçosa. Ao contrário, tinha no mais alto grau o sentido íntimo das analogias matemáticas. Foi por isso que desenvolveu uma boa física matemática.

O exemplo de Maxwell nos ensina mais uma coisa.

Como se devem tratar as equações da física matemática? Devemos simplesmente deduzir delas todas as consequências e considerá-las como realidades intangíveis? Longe disso; o que devem nos ensinar, sobretudo, é o que se pode e o que se deve nelas mudar. É assim que tiraremos dessas equações alguma coisa de útil.

O terceiro exemplo vai mostrar-nos como podemos perceber analogias matemáticas entre fenômenos que não têm fisicamente nenhuma relação, nem aparente nem real, de tal modo que as leis de um desses fenômenos nos ajudam a adivinhar as do outro.

A mesma equação, a de Laplace, encontra-se na teoria da atração newtoniana, na do movimento dos líquidos, na do potencial elétrico, na do magnetismo, na da propagação do calor e em muitas outras mais.

Qual é o resultado? Essas teorias parecem imagens calcadas uma sobre a outra; esclarecem-se mutuamente, trocando suas linguagens entre si; perguntem aos especialistas em eletricidade se não se felicitam por terem inventado o termo "fluxo de força", sugerido pela hidrodinâmica e pela teoria do calor.

Assim, as analogias matemáticas não só podem nos fazer pressentir as analogias físicas, mas também são constantemente úteis quando faltam estas últimas.

Em suma, o objetivo da física matemática não é só facilitar ao físico o cálculo numérico de certas constantes, ou a integração de certas equações diferenciais.

Mais ainda, ele é sobretudo o de facultar ao físico o conhecimento da harmonia oculta das coisas, fazendo com que as veja sob uma nova perspectiva.

De todas as partes da análise, as mais elaboradas, as mais puras, por assim dizer, serão as mais fecundas nas mãos daqueles que delas sabem servir-se.

III. Vejamos agora o que a análise deve à física. Seria preciso ter esquecido completamente a história da ciência para não se lembrar que o desejo de conhecer a natureza teve a mais constante e feliz influência sobre o desenvolvimento da matemática.

Em primeiro lugar, o físico nos propõe problemas cuja solução espera de nós. Mas, ao nos propor esses problemas, já pagou com muita antecedência o favor que lhe poderemos prestar, se conseguirmos resolvê-los.

Se me permitem continuar minha comparação com as belas-artes, o matemático puro que esquecesse a existência do mundo exterior seria semelhante a um pintor que soubesse combinar harmoniosamente as cores e as formas, mas a quem faltariam os modelos. Seu poder criador logo se esgotaria.

As combinações que os números e os símbolos podem formar são uma multidão infinita. Nessa multidão, como escolheremos as que são dignas de reter nossa atenção? Iremos nos deixar guiar unicamente por nosso capricho? Esse capricho que, ele próprio, aliás, não tardaria a se cansar, sem dúvida nos arrastaria para bem longe uns dos outros, e prontamente deixaríamos de nos entender.

Mas esse não é senão o aspecto menor da questão.

Sem dúvida, a física impedirá que nos percamos, mas também nos preservará de um perigo bem mais temível; irá impedir-nos de entrar num círculo vicioso.

Como prova a história, a física não se limitou a nos forçar a escolher entre os problemas que se apresentavam em quantidade; impôs outros, nos quais jamais teríamos pensado sem ela.

Por mais variada que seja a imaginação do homem, a natureza é ainda mil vezes mais rica. Para segui-la, devemos tomar caminhos que havíamos negligenciado, e esses caminhos muitas vezes nos conduzem a cumes de onde descortinamos novas paisagens. O que pode haver de mais útil?

Com os símbolos matemáticos acontece o mesmo que com as realidades físicas; é comparando os diferentes aspectos das coisas que poderemos compreender sua harmonia íntima, que é a única bela e, por conseguinte, digna dos nossos esforços.

O primeiro exemplo que citarei é tão antigo, que seríamos tentados a esquecê-lo; nem por isso deixa de ser o mais importante de todos.

O único objeto natural do pensamento matemático é o número inteiro. Foi o mundo exterior que nos impôs o contínuo; sem dúvida o inventamos, mas esse mundo nos forçou a inventá-lo.

Sem ele não haveria análise infinitesimal; toda a ciência matemática se reduziria à aritmética ou à teoria das substituições.

Ao contrário, dedicamos quase todo o nosso tempo e todas as nossas forças ao estudo do contínuo. Quem será capaz de lamentá-lo, quem julgará que esse tempo e essas forças foram perdidos?

A análise nos abre perspectivas infinitas, que a aritmética não suspeita; num breve olhar mostra-nos um conjunto grandioso, cuja ordem é simples e simétrica; ao contrário, na teoria dos números, onde reina o imprevisto, a visão é, por assim dizer, tolhida a cada passo.

Sem dúvida lhes dirão que fora do número inteiro não há rigor, e por conseguinte não há verdade matemática; que ele está escondido em toda parte, e que é preciso esforçar-se por tornar transparentes os véus que o dissimulam, ainda que, para isso, tivéssemos que nos resignar a intermináveis repetições.

Não sejamos tão puristas, e sejamos gratos ao contínuo, que, se *tudo* provém do número inteiro, era o único capaz de fazer provir dele *tanta coisa*.

Aliás, terei necessidade de relembrar que o sr. Hermite se aproveitou, de maneira surpreendente, da introdução das variáveis contínuas na teoria dos números? Assim, o domínio próprio do número inteiro é, ele mesmo, invadido, e essa invasão estabeleceu a ordem onde reinava a desordem.

Isso é o que devemos ao contínuo e, por conseguinte, à natureza física.

A série de Fourier é um instrumento precioso, que a análise usa continuamente: foi por esse meio que ela pôde representar funções descontínuas; se Fourier a inventou, foi para resolver um problema de física relativo à propagação do calor. Se esse problema não tivesse surgido naturalmente, jamais teríamos ousado devolver à descontinuidade seus direitos; por muito tempo ainda, teríamos considerado as funções contínuas como as únicas funções verdadeiras.

Assim, a noção de função ampliou-se consideravelmente e recebeu de alguns analistas lógicos um desenvolvimento imprevisto. Esses analistas aventuraram-se assim em regiões onde reina a mais pura abstração e afastaram-se tanto quanto possível do mundo real. Foi contudo um problema de física que lhes deu o ensejo para tanto.

Seguindo a série de Fourier, outras séries análogas entraram no domínio da análise; aí entraram pela mesma porta; foram imaginadas com vistas às aplicações.

A teoria das equações a derivadas parciais de segunda ordem teve uma história análoga; desenvolveu-se sobretudo pela física e para a física. Mas pode tomar muitas formas; pois uma tal equação não basta para determinar a função desconhecida: é preciso a ela acrescentar condições complementares que chamamos de condições de contorno; donde muitos problemas diferentes.

Se os analistas se tivessem abandonado a suas tendências naturais, jamais teriam conhecido mais que um problema, aquele de que tratou a sra. Kovalevski em sua célebre dissertação.

Mas há uma quantidade de outros que eles teriam ignorado.

Cada uma das teorias físicas — a da eletricidade, a do calor — nos apresenta essas equações sob um novo aspecto. Podemos então dizer que, sem elas, não conheceríamos as equações a derivadas parciais.

É inútil multiplicar os exemplos. Já disse o bastante para poder concluir: quando os físicos nos pedem a solução de um problema, não é uma maçada que nos impõem; somos nós, ao contrário, que lhes devemos agradecimentos.

IV. Mas não é só isso; a física não nos dá apenas o ensejo de resolver problemas; ajuda-nos a encontrar meios para tanto, e isso de duas maneiras.

Ela nos faz pressentir a solução; sugere-nos raciocínios.

Falei acima da equação de Laplace, que encontramos numa quantidade de teorias físicas muito distanciadas umas das outras. Vamos reencontrá-la em geometria, na teoria da representação conforme, em análise pura, na dos números imaginários.

Desse modo, no estudo das funções de variáveis complexas, o analista, ao lado da imagem geométrica, que é seu instrumento habitual, encontra várias imagens físicas que pode usar com o mesmo sucesso.

Graças a essas imagens, num breve olhar ele pode ver o que a dedução pura só lhe mostraria sucessivamente. Reúne assim os elementos esparsos da solução e, por uma espécie de intuição, adivinha antes de poder demonstrar.

Adivinhar antes de demonstrar! Será que preciso relembrar que foi assim que se fizeram todas as descobertas importantes?

Quantas verdades as analogias físicas nos permitem pressentir, que não estamos em condições de estabelecer por meio de um raciocínio rigoroso!

Por exemplo, a física matemática introduz um grande número de desenvolvimentos em séries. Esses desenvolvimentos convergem, ninguém duvida; mas falta a certeza matemática. São todas conquistas asseguradas para os pesquisadores que virão depois de nós.

Por outro lado, a física não nos fornece apenas soluções: numa certa medida, fornece-nos também raciocínios.

Bastar-me-á relembrar como o sr. Klein, numa questão relativa às superfícies de Riemann, recorreu às propriedades das correntes elétricas. É verdade que os raciocínios desse gênero não são rigorosos, no sentido que o analista atribui a essa palavra.

E, a propósito disso, apresenta-se uma questão: como uma demonstração, que não é suficientemente rigorosa para o analista, pode bastar ao físico? Parece que não pode haver dois rigores, que o rigor existe ou não existe e que, onde ele não existir, não pode haver raciocínio. Esse paradoxo aparente será mais bem compreendido se nos lembrarmos em que condições o número se aplica aos fenômenos naturais.

Em geral, de onde provêm as dificuldades que encontramos quando buscamos o rigor? Quase sempre esbarramos nelas ao querermos estabelecer que uma determinada quantidade tende para determinado limite, ou que uma determinada função é contínua, ou que tem uma derivada.

Ora, o físico só conhece de modo aproximado os números que mede pela experiência; e, por outro lado, uma função qualquer difere sempre tão pouco quanto se queira de uma função descontínua, e ao mesmo tempo difere tão pouco quanto se queira de uma função contínua.

O físico pode então supor, como bem quiser, que a função estudada é contínua, ou que é descontínua; que tem uma derivada, ou que não tem; e isso sem temor de ser jamais desmentido, quer pela experiência atual, quer por qualquer experiência futura. Compreende-se que, com essa liberdade, ele brinque com as dificuldades que tolhem o analista.

Ele pode sempre raciocinar como se todas as funções que se introduzem em seus cálculos fossem polinômios inteiros.

Assim, a abordagem sumária que basta à física não é a dedução exigida pela análise. Isso não significa que uma não possa ajudar a encontrar a outra.

Já se transformaram em demonstrações rigorosas tantas abordagens sumárias físicas, que hoje essa transformação é fácil.

Os exemplos abundariam, se eu não temesse cansar a atenção do leitor ao citá-los.

Espero ter dito o bastante para mostrar que a análise pura e a física matemática podem se servir uma da outra, sem fazer qualquer sacrifício recíproco, e que cada uma dessas duas ciências deve se regozijar com tudo o que possa elevar sua associada.

CAPÍTULO VI
A astronomia

Os governos e os parlamentos devem achar que a astronomia é uma das ciências que custam mais caro: o menor instrumento custa centenas de milhares de francos, o menor observatório custa milhões; cada eclipse acarreta depois de si despesas suplementares. E tudo isso para astros que ficam tão distantes, que são completamente estranhos às nossas lutas eleitorais, e provavelmente jamais desempenharão qualquer papel nelas. É impossível que nossos homens políticos não tenham conservado um resto de idealismo, um vago instinto daquilo que é grande; realmente, creio que eles foram caluniados; convém encorajá-los, e lhes mostrar bem que esse instinto não os engana, e que não são logrados por esse idealismo.

Bem poderíamos lhes falar da Marinha, cuja importância ninguém pode ignorar, e que tem necessidade da astronomia. Mas isso seria abordar a questão por seu lado menos importante.

A astronomia é útil porque nos eleva acima de nós mesmos; é útil porque é grande; é útil porque é bela; é isso que se precisa dizer. É ela que nos mostra quão pequeno é o homem no corpo e quão grande é no espírito, já que essa imensidão resplandecente, onde seu corpo não passa de um ponto obscuro, sua inteligência pode abarcar inteira, e dela fruir a silenciosa harmonia. Atingimos assim a consciência de nossa força, e isso é uma coisa pela qual jamais pagaríamos caro demais, porque essa consciência nos torna mais fortes.

Mas o que eu gostaria de lhes mostrar, antes de tudo, é a que ponto a astronomia facilitou a obra das outras ciências, mais diretamente úteis, porque foi ela que nos proporcionou um espírito capaz de compreender a natureza.

Já imaginaram como a humanidade estaria rebaixada se, sob um céu constantemente coberto de nuvens, como deve ser o de Júpiter, tivesse ignorado eternamente os astros? Acham que, num mundo como esse, seríamos o que somos? Sei bem que, sob essa abóboda sombria, teríamos sido privados da luz do Sol, necessária a organismos como os que habitam a Terra. Contudo, se me permitem, admitiremos que essas nuvens são fosforescentes e que propagam uma luz suave e constante. Já que estamos fazendo hipóteses, uma hipótese a mais não nos custará. Pois bem! Repito minha pergunta: acham que, num mundo como esse, seríamos o que somos?

É que os astros não nos enviam somente aquela luz visível e grosseira que impressiona nossos olhos materiais; é também deles que nos vem uma luz muito mais sutil, que ilumina nossos espíritos e cujos efeitos vou tentar mostrar-lhes. Já sabem o que era o homem na Terra, há alguns milhares de anos, e o que ele é hoje. Isolado em meio a uma natureza onde tudo para ele era mistério, sobressaltado a cada manifestação inesperada de forças incompreensíveis, era incapaz de ver na conduta do Universo outra coisa que não o capricho; atribuía todos os fenômenos à ação de uma multidão de pequenos gênios fantásticos e exigentes e, para agir sobre o mundo, procurava conciliá-los por meios análogos àqueles que empregamos para ganhar as boas graças de um ministro ou de um deputado. Seus próprios insucessos não o esclareciam, do mesmo modo que, hoje, um solicitador de favores rejeitado não desanima a ponto de parar de solicitar.

Hoje, não solicitamos mais à natureza: nós a comandamos, porque descobrimos alguns de seus segredos, e a cada dia descobrimos outros novos. Nós a comandamos em nome de leis que ela não pode recusar, porque são as suas leis; não lhe pedimos que mude desvairadamente essas leis: somos os primeiros a nos submeter a elas. *Naturae non imperatur nisi parendo.**

Que mudança nossas almas tiveram que sofrer para passar de um estado ao outro! Seria possível que, sem as lições dos astros, sob o céu perpetuamente nublado que acabo de supor, elas tivessem mudado tão depressa? Teria sido a metamorfose possível? — ou, pelo menos, não teria ela sido muito mais lenta?

---

* Não se domina a natureza senão obedecendo. (N. da T.)

E, antes de mais nada, foi a astronomia que nos ensinou que há leis. Os caldeus, os primeiros que olharam o céu com alguma atenção, bem viram que aquela quantidade de pontos luminosos não era uma multidão confusa, errando ao acaso, mas antes um exército disciplinado. Sem dúvida, as regras dessa disciplina lhes escapavam, mas o espetáculo harmonioso da noite estrelada bastava para lhes dar a impressão da regularidade, e isso já era muito. Aliás, Hiparco, Ptolomeu, Copérnico e Kepler discerniram essas regras, uma após outra, e, enfim, é inútil relembrar que foi Newton que enunciou a mais antiga, a mais precisa, a mais simples, a mais geral de todas as leis naturais.

Então, advertidos por esse exemplo, olhamos melhor nosso pequeno mundo terrestre e ali também, sob a desordem aparente, reencontramos a harmonia que o estudo do Céu revelara. Também ele é regular, também ele obedece a leis imutáveis, mas elas são mais complicadas, em conflito aparente umas com as outras, e um olho que não estivesse acostumado a outros espetáculos só teria visto ali o caos e o reino do acaso ou do capricho. Mesmo que não conhecêssemos os astros, alguns espíritos ousados talvez tivessem procurado prever os fenômenos físicos; mas seus insucessos teriam sido frequentes, e eles só teriam provocado o riso do vulgo; não vemos que, mesmo hoje em dia, algumas vezes os meteorologistas se enganam, e certas pessoas são levadas a rir deles?

Quantas vezes os físicos, desgostosos com tantos insucessos, não se teriam deixado levar pelo desânimo, se não tivessem tido o exemplo brilhante do sucesso dos astrônomos para sustentar sua confiança? Esse sucesso lhes mostrava que a natureza obedece a leis; só lhes restava saber quais eram essas leis; para isso, só precisavam de paciência, e tinham o direito de pedir que os céticos confiassem neles.

Não é só isso: a astronomia não nos ensinou apenas que há leis, mas que essas leis são inelutáveis, que não se transige com elas; de quanto tempo precisaríamos para compreendê-lo, se só tivéssemos conhecido o mundo terrestre, onde cada força elementar nos aparece sempre como se estivesse em luta com outras forças? Ela nos ensinou que as leis são infinitamente precisas e que, se as que enunciamos são aproximativas, é porque nós as conhecemos mal. Aristóteles, o espírito mais científico da Antiguidade, ainda concedia um papel ao acidente, ao acaso, e parecia pensar que as leis da natureza, ao menos neste mundo, só determinam as grandes características dos fenômenos. Como a precisão sempre crescente das predições astronômicas contribuiu para corrigir um erro que teria tornado a natureza ininteligível!

Mas essas leis não são locais, variáveis de um ponto a outro, como as que os homens fazem? O que é a verdade num pedacinho do Universo — no nosso globo, por exemplo, ou em nosso pequeno sistema solar — não vai tornar-se erro um pouco mais longe? Assim, não podemos nos perguntar se as leis que dependem do espaço não dependem também do tempo, se não são simples hábitos, por conseguinte transitórias e efêmeras? É ainda a astronomia que vai responder a essa pergunta. Vejamos as estrelas duplas: todas descrevem cônicas; assim, por maior que seja o alcance do telescópio, ele não atinge os limites do domínio que obedece à lei de Newton.

Até a simplicidade dessa lei é uma lição para nós; quantos fenômenos complicados contidos nas duas linhas de seu enunciado! As pessoas que não entendem de mecânica celeste podem ao menos percebê-lo, ao ver a espessura dos tratados dedicados a essa ciência; então pode-se esperar que a complicação dos fenômenos físicos nos dissimule igualmente não sei que causa simples, ainda desconhecida.

Portanto, foi a astronomia que nos mostrou quais são os caracteres gerais das leis naturais; mas entre esses caracteres há um — o mais sutil e mais importante de todos — sobre o qual lhes pedirei permissão para insistir um pouco.

Como a ordem do Universo era compreendida pelos antigos — por exemplo, por Pitágoras, Platão ou Aristóteles? Era ou um modelo imutável, fixado de uma vez por todas, ou um ideal do qual o mundo buscava aproximar-se. Assim ainda pensava o próprio Kepler quando, por exemplo, investigava se as distâncias dos planetas ao Sol não tinham alguma relação com os cinco poliedros regulares. Essa ideia nada tinha de absurdo, mas era estéril, já que não é assim que a natureza é feita. Foi Newton que nos mostrou que uma lei é apenas uma relação necessária entre o estado presente do mundo e seu estado imediatamente posterior. Todas as outras leis descobertas depois não são outra coisa: em suma, são equações diferenciais; mas foi a astronomia que nos forneceu o primeiro modelo, sem o qual, sem dúvida, teríamos vagueado ainda por muito tempo.

Foi também ela que melhor nos ensinou a desconfiar das aparências. No dia em que Copérnico provou que o que se pensava ser mais estável estava em movimento, que o que se pensava ser móvel era fixo, mostrou-nos quão enganadores podiam ser os raciocínios infantis que provêm diretamente dos dados imediatos de nossos sentidos; é verdade que suas ideias não triunfaram sem dificuldade, mas, depois desse triunfo, não há mais preconceito inveterado que não sejamos capazes de abalar. Como estimar o preço da nova arma assim conquistada?

Os antigos acreditavam que tudo era feito para o homem, e é preciso crer que essa ilusão é bem tenaz, já que é preciso combatê-la incessantemente. Contudo, precisamos desvencilhar-nos dela; caso contrário, seremos apenas eternos míopes, incapazes de ver a verdade. Para compreender a natureza é preciso poder sair de si mesmo, por assim dizer, e contemplá-la de vários pontos de vista diferentes; sem isso, dela conheceremos sempre apenas um lado. Ora, sair de si mesmo é algo que não pode fazer aquele que tudo relaciona a si mesmo. Quem, então, nos livrou dessa ilusão? Aqueles que nos mostraram que a Terra não é mais que um dos menores planetas do sistema solar, e que o próprio sistema solar não é mais que um ponto imperceptível nos espaços infinitos do Universo estelar.

Ao mesmo tempo a astronomia nos ensinava a não nos assustarmos com os grandes números, e isso era necessário não só para conhecer o céu, mas para conhecer a própria Terra; isso não era tão fácil quanto nos parece hoje.

Tentemos retroceder e imaginar o que pensaria um grego a quem disséssemos que a luz vermelha vibra 400 milhões de milhões de vezes por segundo. Sem dúvida alguma, uma tal asserção lhe pareceria pura loucura, e ele jamais se rebaixaria ao ponto de verificá-la. Hoje, uma hipótese não nos parecerá mais absurda porque nos obriga a imaginar objetos muito maiores ou muito menores do que aqueles que nossos sentidos são capazes de nos mostrar, e não compreendemos mais esses escrúpulos que tolhiam nossos predecessores e os impediam de descobrir certas verdades simplesmente porque as temiam. Mas por quê? Porque vimos o céu crescer, e crescer incessantemente; porque sabemos que o Sol está a 150 milhões de quilômetros da Terra, e que as distâncias das estrelas mais próximas são centenas de milhares de vezes maiores ainda. Habituados a contemplar o infinitamente grande, tornamo-nos aptos a compreender o infinitamente pequeno. Graças à educação que recebeu, nossa imaginação — assim como o olho da águia, que não é ofuscado pelo Sol — pode olhar de frente a verdade.

Estava eu errado ao dizer que foi a astronomia que nos deu uma alma capaz de compreender a natureza? Que, sob um céu sempre nebuloso e privado de astros, a própria Terra seria para nós eternamente ininteligível? Que nela não veríamos mais que o capricho e a desordem e que, não conhecendo o mundo, não poderíamos dominá-lo? Que ciência poderia ter sido mais útil? Ao falar assim, coloco-me no ponto de vista daqueles que só apreciam as aplicações práticas. É verdade que esse ponto de vista não é o meu; ao contrário, se admiro as conquistas da indústria, é sobretudo porque, ao nos livrar das preocupações materiais, um dia elas darão a todos o lazer de contemplar a natureza. Não digo que a ciência é útil porque nos ensina a construir máquinas; digo que as máquinas são úteis porque, ao trabalhar para nós, um dia nos deixarão mais tempo livre para fazer ciência. Mas enfim não é indiferente observar que não há discordância entre os dois pontos de vista e que, tendo o homem perseguido um objetivo desinteressado, todo o resto lhe veio por acréscimo.

Augusto Comte disse, não sei onde, que seria inútil procurar conhecer a composição do Sol, porque esse conhecimento não poderia ser de nenhuma utilidade para a sociologia. Como pôde ele ter a visão tão curta? Não acabamos de ver que foi pela astronomia que, usando a linguagem de Comte, a humanidade passou do estado teológico ao estado positivo? Isso ele percebeu, porque era fato consumado.

Mas como não compreendeu que o que restava fazer não era menos importante, e não seria menos proveitoso? A astronomia física, que ele parece condenar, já começou a nos dar frutos e nos dará muitos outros, pois data apenas de ontem.

Antes de mais nada, descobriu-se a natureza do Sol, que o fundador do positivismo queria nos interditar, e ali encontramos corpos que existem na Terra e que nela tinham permanecido despercebidos; por exemplo, o hélio, esse gás quase tão leve quanto o hidrogênio. Para Comte, já era um primeiro desmentido. Mas devemos à espectroscopia um ensinamento bem mais precioso: nas estrelas mais distantes ela nos mostra as mesmas substâncias; poderíamos nos perguntar se os elementos terrestres não eram devidos a algum acaso que tivesse aproximado átomos mais tênues, para construir o edifício mais complexo que os químicos chamam de átomo; se, em outras regiões do Universo, outros encontros fortuitos não podiam ter engendrado edifícios inteiramente diferentes. Sabemos agora que não é nada disso, que as leis da nossa química são leis gerais da natureza, e que não devem nada ao acaso que nos fez nascer na Terra.

Mas — dir-se-á — a astronomia deu às outras ciências tudo o que podia dar-lhes, e agora que o céu nos forneceu os instrumentos que nos permitem estudar a natureza terrestre, poderia, sem perigo, encobrir-se para sempre. Depois do que acabamos de dizer, será necessário responder a essa objeção? Poderíamos ter raciocinado do mesmo modo no tempo de Ptolomeu; também naquela época acreditava-se saber tudo, e ainda se tinha quase tudo a aprender.

Os astros são laboratórios grandiosos, cadinhos gigantescos, com os quais químico algum poderia sonhar. Reinam neles temperaturas que não podemos imaginar. Seu único defeito é o de ser um pouco distantes; mas o telescópio vai aproximá-los de nós, e então veremos como a matéria ali se comporta. Que sorte para o físico e o químico!

A matéria ali se mostrará a nós sob mil estados diversos, desde os gases rarefeitos, que parecem formar as nebulosas, e que se iluminam com não sei que clarão de origem misteriosa, até as estrelas incandescentes e os planetas tão próximos, e contudo tão diferentes de nós.

Talvez mesmo os astros nos ensinem um dia alguma coisa sobre a vida. Isso parece um sonho insensato, e não vejo absolutamente como se poderia realizar; mas a química dos astros também não teria parecido, há cem anos, um sonho insensato?

Porém, limitemos nossos olhares a horizontes menos distantes, e nos restarão ainda promessas menos aleatórias e bastante sedutoras.

Se o passado nos deu muito, podemos estar certos de que o futuro nos dará mais ainda.

Em suma, é inacreditável até que ponto a crença na astrologia foi útil à humanidade. Se Kepler e Ticho-Brahé puderam viver, foi porque vendiam a reis ingênuos predições baseadas nas conjunções dos astros. Se esses príncipes não tivessem sido tão crédulos, continuaríamos talvez a crer que a natureza obedece ao capricho, e ainda estaríamos estagnados na ignorância.

CAPÍTULO VII
A história da física matemática

O passado e o futuro da física

Qual é o estado atual da física matemática? Quais são os problemas que ela foi levada a levantar? Qual é seu futuro? Estará sua orientação prestes a se modificar? Daqui a dez anos, o objetivo e os métodos dessa ciência vão apresentar-se aos nossos sucessores imediatos sob o mesmo enfoque com que se apresentaram a nós mesmos, ou, ao contrário, vamos assistir a uma transformação profunda? Tais são as questões que somos forçados a levantar, ao abordar hoje nossa investigação.

Se é fácil levantá-las, difícil é respondê-las. Se nos sentíssemos tentados a arriscar um prognóstico, resistiríamos com facilidade a essa tentação, pensando em todas as tolices que teriam dito os cientistas mais eminentes de cem anos atrás, se lhes tivéssemos perguntado o que seria a ciência no século XIX. Eles teriam pensado ser ousados em suas predições, e como os acharíamos tímidos, depois do evento! Portanto, não esperem de mim nenhuma profecia.

Mas se, como todos os médicos prudentes, reluto em dar um prognóstico, não posso contudo dispensar-me de um pequeno diagnóstico; pois bem, sim, há indícios de uma crise séria, como se devêssemos esperar uma transformação próxima. Todavia, não nos inquietemos demais. Estamos certos de que a doente não morrerá, e até podemos esperar que essa crise seja salutar, pois a história do passado parece nos garantir isso. De fato, essa crise não é a primeira e, para compreendê-la, é importante lembrar-se das que a precederam. Perdoem-me, pois, um breve histórico.

A física das forças centrais

Como sabemos, a física matemática nasceu da mecânica celeste, que a engendrou no fim do século XVIII, no momento em que ela própria acabava de atingir seu completo desenvolvimento. Em seus primeiros anos, sobretudo, a criança se assemelhava à mãe de maneira impressionante.

O Universo astronômico é formado de massas — muito grandes, sem dúvida, mas separadas por distâncias tão imensas, que só nos aparecem como pontos materiais; esses pontos se atraem na razão inversa do quadrado das distâncias, e essa atração é a única força que influi sobre seus movimentos. Mas se nossos sentidos fossem suficientemente sutis para nos mostrar todos os detalhes dos corpos que o físico estuda, o espetáculo que neles descobriríamos seria muito pouco diferente daquele que o astrônomo contempla. Ali também veríamos pontos materiais separados uns dos outros por intervalos enormes em relação a suas dimensões, e descrevendo órbitas segundo leis regulares. Esses astros infinitamente pequenos são os átomos. Assim como os astros propriamente ditos, eles se atraem ou se repelem, e essa atração ou essa repulsão, dirigida segundo a reta que os liga, só depende da distância. A lei segundo a qual essa força varia em função da distância não é talvez a lei de Newton, mas é uma lei análoga; em vez do expoente -2, temos provavelmente um expoente diferente, e é dessa mudança de expoente que provém toda a diversidade dos fenômenos físicos, a variedade das qualidades e das sensações, todo o mundo colorido e sonoro que nos cerca; em uma palavra — toda a natureza.

Tal é a concepção primitiva em toda a sua pureza. Resta apenas buscar, nos diferentes casos, que valor convém dar a esse expoente, a fim de explicar todos os fatos. Foi sobre esse modelo que Laplace, por exemplo, construiu sua bela teoria da capilaridade; ele só a vê como um caso particular da atração ou, como diz, da gravitação universal, e ninguém se espanta ao encontrá-la no meio de um dos cinco volumes da mecânica celeste. Mais recentemente, Briot crê ter penetrado o último segredo da óptica ao demonstrar que os átomos do éter se atraem na razão inversa da sexta potência da distância; e Maxwell, o próprio

Maxwell, não diz em algum lugar que os átomos dos gases se repelem na razão inversa da quinta potência da distância? Temos o expoente −6, ou −5, em vez do expoente −2, mas é sempre um expoente.

Entre as teorias dessa época, só uma constitui exceção: a de Fourier, para a propagação do calor; há muitos átomos que agem a distância, um sobre o outro; enviam-se mutuamente calor, mas não se atraem, não se movem. A partir desse ponto de vista, a teoria de Fourier devia aparecer aos olhos de seus contemporâneos, e aos do próprio Fourier, como imperfeita e provisória.

Essa concepção não deixava de ter seu mérito; era sedutora, e muitos ainda não renunciaram definitivamente a ela; sabem que só atingiremos os elementos últimos das coisas desenredando pacientemente o complicado emaranhado que nossos sentidos nos oferecem; sabem que é preciso avançar passo a passo, sem negligenciar nenhum intermediário; que nossos antepassados erraram ao querer queimar etapas, mas creem que, quando chegarmos a esses elementos últimos, aí reencontraremos a majestosa simplicidade da mecânica celeste.

Essa concepção também não foi inútil; prestou-nos um inestimável serviço, já que contribuiu para precisar em nós a noção fundamental da lei física. Explico-me: como os antigos compreendiam a lei? Era para eles uma harmonia interna, por assim dizer, estática e imutável; ou então era como um modelo que a natureza tentava imitar. Para nós, uma lei não é mais isso, de modo algum; é uma relação constante entre o fenômeno de hoje e o de amanhã; em uma palavra, é uma equação diferencial.

Essa é a forma ideal da lei física; pois bem, a lei de Newton foi a primeira a tomar essa forma. Se, em seguida, tal forma foi incorporada à física, foi precisamente copiando tanto quanto possível a lei de Newton, imitando a mecânica celeste. Aliás, essa é a ideia que tentei fazer ressaltar no capítulo VI.

A física dos princípios

Entretanto, chegou um dia em que a concepção das forças centrais não pareceu mais ser suficiente, e foi essa a primeira das crises das quais acabo de lhes falar.

O que fizemos, então? Renunciamos a penetrar no detalhe da estrutura do Universo, a isolar as peças desse vasto mecanismo, a analisar uma a uma as forças que as põem em movimento, e nos contentamos em tomar por guias certos princípios gerais cujo objetivo é precisamente o de nos dispensar desse estudo minucioso. Como assim? Suponhamos que temos diante de nós uma máquina qualquer; só a engrenagem inicial e a engrenagem final estão aparentes, mas as transmissões, as engrenagens intermediárias mediante as quais o movimento se transmite de uma à outra, estão ocultas no interior e escapam à nossa visão; ignoramos se a transmissão se faz por engrenagens ou correias, por bielas ou por outros dispositivos. Podemos dizer que nos é impossível entender alguma coisa dessa máquina enquanto não nos permitirem desmontá-la? Bem sabem que não, e que o princípio da conservação da energia basta para nos fixar no ponto mais interessante; constatamos facilmente que a roda final gira dez vezes menos rápido que a roda inicial, já que essas duas rodas são visíveis; daí podemos concluir que um torque aplicado à primeira equilibrará um torque dez vezes maior aplicado à segunda. Para isso, de modo algum é preciso penetrar o mecanismo desse equilíbrio e saber como as forças se compensarão no interior da máquina; basta assegurar-se de que essa compensação não pode deixar de ocorrer.

Pois bem, diante do Universo, o princípio da conservação da energia pode nos prestar o mesmo serviço. É também uma máquina muito mais complicada que todas as da indústria, e da qual todas as partes nos são profundamente ocultas; mas, observando o movimento daquelas que podemos ver, podemos, com o auxílio desse princípio, tirar conclusões que permanecerão verdadeiras, quaisquer que sejam os detalhes do mecanismo invisível que as anima.

O princípio da conservação da energia, ou princípio de Mayer, é certamente o mais importante, mas não é o único: há outros que podemos igualmente utilizar. São eles:

• o princípio de Carnot, ou princípio da degradação da energia;

• o princípio de Newton, ou princípio da igualdade da ação e da reação;

• o princípio da relatividade, segundo o qual as leis dos fenômenos físicos devem ser as mesmas, quer para um observador fixo, quer

para um observador em movimento de translação uniforme; de modo que não temos, nem podemos ter, nenhum meio de discernir se somos ou não levados num tal movimento;
• o princípio de Lavoisier, ou princípio da conservação da massa;
• o crescentarei o princípio da mínima ação.

A aplicação desses cinco ou seis princípios gerais aos diferentes fenômenos físicos basta para nos ensinar o que podemos razoavelmente esperar conhecer sobre eles. O mais notável exemplo dessa nova física matemática é, indubitavelmente, a teoria eletromagnética da luz, de Maxwell. O que é o éter, como estão dispostas suas moléculas, atraem-se ou se repelem? Nada sabemos sobre isso; mas sabemos que esse meio transmite ao mesmo tempo as perturbações ópticas e as perturbações elétricas; sabemos que essa transmissão deve fazer-se em conformidade com os princípios gerais da mecânica, e isso nos basta para estabelecer as equações do campo eletromagnético.

Esses princípios são resultados de experiências fortemente generalizadas; mas eles parecem tomar à própria generalidade delas um elevado grau de certeza. Efetivamente, quanto mais gerais são eles, mais frequentemente temos oportunidade de controlá-los, e as verificações, multiplicando-se, tomando as formas mais variadas e mais inesperadas, acabam por não deixar margem à dúvida.

Utilidade da antiga física

Tal é a segunda fase da história da física matemática, e ainda não saímos dela. Poderemos nós dizer que a primeira foi inútil, que durante cinquenta anos a ciência tomou o caminho errado, e que só resta esquecer tantos esforços acumulados que uma concepção viciosa condenava de antemão ao insucesso? Absolutamente. Acham que a segunda fase poderia ter existido sem a primeira? A hipótese das forças centrais continha todos os princípios; ela os acarretava como consequências necessárias; acarretava tanto a conservação da energia como a das massas, como a igualdade da ação e da reação, como a lei da mínima ação, que apareciam, é verdade, não como verdades experimentais, mas como teoremas, cujo enunciado tinha ao mesmo tempo algo de mais preciso e menos geral do que sob sua forma atual.

Foi a física matemática de nossos antepassados que nos familiarizou pouco a pouco com esses diversos princípios, que nos habituou a reconhecê-los sob os diferentes trajes com os quais se disfarçam. Foram comparados com os dados da experiência, e se viu como era preciso modificar seus enunciados para adaptá-los a esses dados. Assim, foram ampliados e consolidados. Fomos conduzidos assim a encará-los como verdades experimentais; a concepção das forças centrais tornava-se então um suporte inútil, ou antes um entrave, já que fazia com que os princípios participassem de seu caráter hipotético.

Portanto, os quadros não se quebraram, pois eram elásticos, mas se ampliaram; nossos antepassados, que os haviam estabelecido, não trabalharam em vão; e reconhecemos na ciência de hoje os traços gerais do esboço que eles haviam delineado.

CAPÍTULO VIII
A crise atual da física matemática

A nova crise

Iremos nós agora entrar numa terceira fase? Estaremos às vésperas de uma segunda crise? Os princípios sobre os quais construímos tudo vão desmoronar, por sua vez? Já faz algum tempo que estas têm sido questões pertinentes.

Ao me ouvir falar assim, pensam sem dúvida no rádio, esse elemento químico que é o grande revolucionário dos tempos presentes, e de fato logo voltarei a ele; mas há outra coisa: não é só a conservação da energia que está em questão; todos os outros princípios estão igualmente em perigo, como vamos ver, ao examiná-los sucessivamente.

O princípio de Carnot

Comecemos pelo princípio de Carnot. É o único que não se apresenta como uma consequência imediata da hipótese das forças centrais: bem melhor, parece, se não contradizer diretamente essa hipótese, ao menos não se conciliar com ela sem certo esforço. Se os fenômenos físicos se devessem exclusivamente aos movimentos de átomos cujas atrações mútuas só dependessem da distância, parece que todos esses fenômenos deveriam ser reversíveis; se todas as velocidades iniciais fossem invertidas, esses átomos, sempre submetidos às mesmas forças, deveriam percorrer suas trajetórias em sentido contrário, assim como a Terra descreveria no sentido retrógrado a mesma órbita elíptica que descreve no sentido direto, se as condições iniciais de seu movimento tivessem sido invertidas. Assim sendo, se um fenômeno físico é possível, o fenômeno inverso deve igualmente sê-lo, e devemos poder fazer retroceder o curso do tempo. Ora, isso não ocorre na natureza, e é precisamente o que o princípio de Carnot nos ensina: o calor pode passar do corpo quente para o corpo frio, e em seguida é impossível fazê-lo retomar o caminho inverso, restabelecendo diferenças de temperatura que desapareceram. O movimento pode ser integralmente dissipado e transformado em calor pelo atrito; a transformação contrária nunca poderá ocorrer, a não ser de maneira parcial.

Tentou-se conciliar essa aparente contradição. Se o mundo tende para a uniformidade, não é porque suas partes últimas, inicialmente desiguais, tendem a se tornar cada vez menos diferentes; é porque, deslocando-se ao acaso, acabam por se misturar. Para um olho que distinguisse todos os elementos, a variedade continuaria sempre a mesma; cada grão dessa poeira conserva sua originalidade e não se modela de acordo com seus vizinhos; mas como a mistura se torna cada vez mais íntima, nossos sentidos toscos só percebem a uniformidade. É por isso que, por exemplo, as temperaturas tendem a se nivelar, sem que seja possível retroceder.

Se uma gota de vinho cai num copo d'água, qualquer que seja a lei do movimento interno do líquido, logo o veremos tingir-se de uma cor rosada uniforme e, a partir desse momento, por mais que agitemos o recipiente, o vinho e a água não parecerão mais poder separar-se. Assim, este seria o tipo de fenômeno físico irreversível: esconder um grão de cevada num monte de trigo é fácil; encontrá-lo depois e tirá-lo de lá é praticamente impossível. Maxwell e Boltzmann explicaram tudo isso, mas quem o percebeu com mais clareza, num livro muito pouco lido porque é um tanto difícil de ler, foi Gibbs, em seu *Princípios de mecânica estatística*.

Para aqueles que se colocam nesse ponto de vista, o princípio de Carnot não é mais que um princípio imperfeito, uma espécie de concessão à deficiência de nossos sentidos; não distinguimos os elementos da mistura porque nossos olhos são toscos demais; não podemos forçá-los a se separar porque nossas mãos são toscas demais; o demônio imaginário de Maxwell, que pode apartar as moléculas uma a uma, bem poderia forçar o mundo a voltar atrás. O mundo pode voltar por si só: isso não é impossível, é apenas infinitamente pouco provável; é possível que esperemos por muito tempo a ocorrência de circunstâncias que permitiriam uma retrogradação; mas cedo ou tarde elas se realizarão, depois de anos cujo número se escreveria com milhões de algarismos. Contudo, essas reservas permaneciam inteiramente teóricas: não eram muito inquietantes, e o princípio de Carnot conservava todo o seu valor prático. Mas eis que a cena muda. O biólogo, armado de seu microscópio, notou há muito tempo, em seus preparados, movimentos desordenados das pequenas partículas em suspensão; é o movimento browniano. Pensou inicialmente que fosse um fenômeno vital, mas logo viu que os corpos inanimados não dançavam com menos ânimo que os outros; então, cedeu a vez aos físicos. Infelizmente, por muito tempo os físicos se desinteressaram dessa questão; concentra-se luz para iluminar o preparado microscópico, pensavam eles; não há luz sem calor, daí as desigualdades de temperatura e, no líquido, correntes internas que produzem os movimentos dos quais nos falam.

O sr. Gouy teve a ideia de examinar isso com mais atenção e viu, ou pensou ver, que essa explicação é insustentável, que os movimentos se tornam tanto mais vivos quanto menores são as partículas, mas não são influenciados pelo modo de iluminação. Se então esses movimentos não cessam, ou antes renascem sem cessar, sem nada tirar de uma fonte externa de energia, o que devemos crer? Sem dúvida, nem por isso devemos renunciar à conservação da energia, mas vemos, sob nossos olhos, ora o movimento transformar-se em calor pelo atrito, ora o calor mudar-se inversamente em movimento, e isso sem que nada se perca, já que o movimento sempre dura. É o contrário do princípio de Carnot. Se assim é, para ver o mundo retroceder não precisamos mais do olho infinitamente sutil do demônio de Maxwell: nosso microscópio nos basta. Os corpos grandes demais (aqueles que têm, por exemplo, um décimo de milímetro) são atingidos de todos os lados pelos átomos em movimento, mas não se movem porque os choques são muito numerosos, e porque a lei do acaso determina que eles se compensem; mas as partículas menores recebem muito poucos choques para que essa compensação se faça com toda a certeza, e são incessantemente abaladas. E eis aí já um de nossos princípios em perigo.

O princípio de relatividade

Abordemos o princípio de relatividade; este não só é confirmado pela experiência diária, não só é uma consequência necessária da hipótese das forças centrais, mas também se impõe ao nosso bom senso de um modo irresistível; e contudo também ele é questionado. Suponhamos dois corpos eletrizados; embora nos pareçam em repouso, são ambos arrastados pelo movimento da Terra; uma carga elétrica em movimento, como nos ensinou Rowland, equivale a uma corrente; esses dois corpos carregados equivalerão, portanto, a duas correntes paralelas e de igual sentido, e essas duas correntes deverão atrair-se. Medindo essa atração, mediremos a velocidade da Terra; não sua velocidade em relação ao Sol ou às estrelas fixas, mas sua velocidade absoluta.

Bem sei o que se dirá: não é sua velocidade absoluta que se mede, é sua velocidade em relação ao éter. Como isso é pouco satisfatório! Será que não se percebe que, do princípio assim compreendido, nada mais se poderá tirar? Ele não poderia nos ensinar mais nada, justamente porque não temeria mais nenhum desmentido. Se chegamos a medir alguma coisa, estaremos sempre livres para dizer que não é a velocidade absoluta, e se não é a velocidade em relação ao éter, de qualquer modo poderia ser a velocidade em relação a algum novo fluido desconhecido, com o qual encheríamos o espaço.

Realmente a experiência se encarregou de arruinar essa interpretação do princípio de relatividade; todas as tentativas de medir a velocidade da Terra em relação ao éter desembocaram em resultados negativos. Dessa vez a física experimental foi mais fiel aos princípios do que a física matemática; os teóricos não teriam feito caso deles, a fim de pôr em concordância seus outros pontos de vista mais gerais; mas a experiência obstinou-se em confirmá-lo. Variaram-se os meios, e enfim Michelson levou a precisão a seus últimos limites; tudo em vão. É precisamente para explicar essa obstinação que os matemáticos são hoje obrigados a empregar toda a sua engenhosidade.

Sua tarefa não era fácil, e se Lorentz se saiu bem, foi apenas acumulando hipóteses.

A ideia mais engenhosa foi a do tempo local. Imaginemos dois observadores que desejem acertar seus relógios por sinais ópticos;

eles trocam sinais, mas como sabem que a transmissão da luz não é instantânea, tomam o cuidado de cruzá-los. Quando a estação B percebe o sinal da estação A, seu relógio não deve marcar a mesma hora que a da estação A no momento da emissão do sinal, mas essa hora aumentada de uma constante que representa a duração da transmissão. Suponhamos, por exemplo, que a estação A envie seu sinal quando seu relógio marca a hora zero, e que a estação B o perceba quando seu relógio marca a hora t. Os relógios estão acertados se o atraso igual a t representar a duração da transmissão, e, para verificá-lo, a estação B expede por sua vez um sinal quando seu relógio marca zero; a estação A deve então percebê-lo quando seu relógio marcar t. Então os relógios estão acertados.

E, de fato, eles marcam a mesma hora no mesmo instante físico, mas com a condição de estarem fixas as duas estações. Caso contrário, a duração da transmissão não será a mesma nos dois sentidos, já que a estação A, por exemplo, vai ao encontro da perturbação óptica emanada de B, enquanto a estação B foge diante da perturbação emanada de A. Portanto, os relógios acertados desse modo não marcarão o tempo verdadeiro; marcarão o que podemos chamar de tempo local, de modo que um deles se atrasará em relação ao outro. Pouco importa, já que não temos nenhum meio de perceber isso. Todos os fenômenos que se produzirem em A, por exemplo, estarão atrasados, mas todos terão o mesmo atraso, e o observador não perceberá, já que seu relógio atrasa; assim, como manda o princípio de relatividade, ele não terá nenhum meio de saber se está em repouso ou em movimento absoluto.

Infelizmente isso não basta, e são necessárias hipóteses complementares; é preciso admitir que os corpos em movimento sofrem uma contração uniforme no sentido do movimento. Um dos diâmetros da Terra, por exemplo, é encurtado de 1/200.000.000 em consequência do movimento de nosso planeta, enquanto o outro diâmetro conserva seu comprimento normal. Assim ficam compensadas as últimas pequenas diferenças. Além disso, ainda há a hipótese sobre as forças. As forças, qualquer que seja sua origem — tanto a gravidade como a elasticidade —, seriam reduzidas numa certa proporção, num mundo animado por uma translação uniforme, ou antes, é o que aconteceria com as componentes perpendiculares à translação: as componentes paralelas não mudariam. Retomemos então nosso exemplo de dois corpos eletrizados; esses corpos se repelem, mas ao mesmo tempo, se tudo é arrastado numa translação uniforme, eles equivalem a duas correntes paralelas e de igual sentido, que se atraem.

Portanto, essa atração eletrodinâmica diminui a repulsão eletrostática, e a repulsão total é mais fraca do que seria se os dois corpos estivessem em repouso. Mas como, para medir essa repulsão, devemos equilibrá-la com uma outra força, e todas as outras forças são reduzidas na mesma proporção, não percebemos nada. Assim, tudo parece arranjado, mas será que todas as dúvidas se dissiparam? O que aconteceria se pudéssemos nos comunicar por sinais que não fossem mais luminosos, e cuja velocidade de propagação fosse diferente da velocidade de propagação da luz? Se, depois de acertar os relógios pelo procedimento óptico, quiséssemos verificar o acerto com o auxílio desses novos sinais, constataríamos divergências que poriam em evidência a translação comum das duas estações. E serão inconcebíveis tais sinais se admitirmos, com Laplace, que a gravitação universal se transmite 1 milhão de vezes mais rapidamente que a luz?

Assim, nesses últimos tempos, o princípio de relatividade foi valentemente defendido, mas a própria veemência da defesa prova quão sério era o ataque.

O princípio de Newton

Falemos agora do princípio de Newton, sobre a igualdade da ação e da reação. Esse princípio está intimamente ligado ao precedente, e é bem possível que a queda de um acarretasse a do outro. Assim, não devemos nos espantar por reencontrar aqui as mesmas dificuldades.

Já mostrei anteriormente que as novas teorias não faziam caso desse princípio.

Os fenômenos elétricos, segundo a teoria de Lorentz, devem-se aos deslocamentos de pequenas partículas carregadas, chamadas elétrons, e mergulhadas no meio a que chamamos éter. Os movimentos desses elétrons produzem perturbações no éter vizinho; essas perturbações se propagam em todos os sentidos com a velocidade da luz, e por sua vez outros elétrons, primitivamente em repouso, são sacudidos quando a perturbação atinge as partes do éter que os tocam. Portanto, os elétrons agem uns sobre os outros, mas essa ação não é direta: realiza-se por intermédio do éter. Nessas condições, pode haver compensação entre a ação e a reação, ao menos para um observador que só levasse em conta os movimentos da matéria, isto é, dos elétrons, e que ignorasse os do éter, que não pode ver? É evidente que não. Mesmo que a compensação fosse exata, não poderia ser simultânea. A perturbação se propaga com uma velocidade finita; portanto, só atinge o segundo elétron quando o primeiro já entrou em repouso há muito tempo. Então esse segundo elétron sofrerá, com um atraso, a ação do primeiro, mas certamente nesse momento não reagirá sobre ele, já que nada mais se move em torno desse primeiro elétron.

A análise dos fatos vai nos permitir esclarecer mais. Imaginemos, por exemplo, um oscilador de Hertz, como os empregados no telégrafo sem fio. Ele envia energia em todos os sentidos; mas podemos muni-lo de um espelho parabólico, como o fez Hertz com seus menores osciladores, a fim de devolver numa só direção toda a energia produzida. O que acontece então, segundo a teoria? O aparelho vai recuar, como se fosse um canhão e como se a energia que projetou fosse uma bala, e isso é contrário ao princípio de Newton, já que aqui nosso projétil não tem massa, não é matéria, é energia. Aliás, é o mesmo caso de um farol provido de um refletor, já que a luz não é outra coisa senão uma perturbação do campo eletromagnético. Esse farol deverá recuar como se a luz que envia fosse um projétil. Qual é a força que deve produzir esse recuo? É o que se chamou de pressão Maxwell-Bartholdi; ela é muito pequena, e se teve muita dificuldade em colocá-la em evidência com os radiômetros mais sensíveis; mas basta que ela exista.

Se toda a energia proveniente de nosso oscilador for cair num receptor, este se comportará como se tivesse recebido um choque mecânico, que representará, num sentido, a compensação do recuo do oscilador; a reação será igual à ação, mas não será simultânea; o receptor avançará, mas não no momento em que o oscilador recuar. Se a energia se propagar indefinidamente sem encontrar receptor, a compensação jamais se fará.

Será que se pode dizer que o espaço que separa o oscilador e o receptor, e que deve ser percorrido pela perturbação para ir de um ao outro, não está vazio, que está cheio, não só de éter, mas de ar, ou mesmo, nos espaços interplanetários, de algum fluido sutil, mas ainda ponderável? Que essa matéria sofre o choque como o receptor, no momento em que a energia a atinge, e por sua vez recua, quando a perturbação a deixa? Isso salvaria o princípio de Newton, mas não é verdadeiro; se, ao se propagar, a energia permanecesse sempre ligada a algum substrato material, a matéria em movimento arrastaria a luz com ela, e Fizeau demonstrou que não é nada disso, ao menos no que se refere ao ar. Isso foi depois confirmado por Michelson e Morley. Pode-se supor também que os movimentos da matéria propriamente dita são exatamente compensados pelos do éter, mas isso nos levaria às mesmas reflexões que acabamos de fazer. O princípio assim entendido poderá explicar tudo, já que, quaisquer que sejam os movimentos visíveis, teremos sempre a faculdade de imaginar movimentos hipotéticos que os compensem. Mas, se pode explicar tudo, é porque não nos permite prever nada, não nos permite escolher entre as diferentes hipóteses possíveis, já que explica tudo de antemão. Portanto, torna-se inútil.

Além disso, as suposições que seria preciso fazer sobre os movimentos do éter não são muito satisfatórias. Se as cargas elétricas dobram, seria natural imaginar que as velocidades dos diversos átomos de éter também dobram, e, para a compensação, é preciso que a velocidade média do éter quadruplique.

Foi por isso que por muito tempo pensei que essas consequências da teoria, contrárias ao princípio de Newton, um dia acabariam por ser abandonadas. Contudo, as experiências recentes acerca dos movimentos dos elétrons provenientes do rádio parecem antes confirmá-las.

O princípio de Lavoisier

Chego ao princípio de Lavoisier, sobre a conservação das massas. É verdade que esse é um princípio no qual não se poderia tocar sem abalar a mecânica. E agora certas pessoas pensam que ele só nos parece verdadeiro porque só consideramos em mecânica velocidades moderadas, mas que deixaria de sê-lo para corpos animados por velocidades comparáveis à da luz. Ora, cremos agora ter realizado essas velocidades; os raios catódicos e os do rádio seriam formados de partículas muito pequenas, ou de elétrons que se deslocariam com velocidades sem dúvida menores que a da luz, mas que dela seriam a décima ou a terça parte.

Esses raios podem ser desviados quer por um campo elétrico, quer por um campo magnético, e se pode, comparando esses desvios, medir ao mesmo tempo a velocidade dos elétrons e sua massa (ou antes, a razão de sua massa por sua carga). Mas quando se viu que essas velocidades se aproximavam da velocidade da luz, percebeu-se que uma correção era necessária. Essas moléculas, estando eletrizadas, não podem deslocar-se sem abalar o éter; para pô-las em movimento, é preciso vencer uma dupla inércia: a da própria molécula e a do éter. A massa total, ou aparente, que se mede compõe-se então de duas partes: a massa real, ou mecânica, da molécula e a massa eletrodinâmica que representa a inércia do éter.

Os cálculos de Abraham e as experiências de Kauffman mostraram então que a massa mecânica propriamente dita é nula, e que a massa dos elétrons, ou ao menos dos elétrons negativos, é de origem exclusivamente eletrodinâmica. Isso nos força a mudar a definição de massa; não podemos mais distinguir a massa mecânica e a massa eletrodinâmica, porque então a primeira se dissiparia; não há outra massa a não ser a inércia eletrodinâmica; mas, nesse caso, a massa não pode mais ser constante, aumenta com a velocidade; e até mesmo depende da direção, e um corpo animado por uma velocidade notável não oporá a mesma inércia às forças que tendem a desviá-lo de sua rota e àquelas que tendem a acelerar ou a retardar sua marcha.

Há ainda um recurso: os elementos últimos dos corpos são elétrons, uns carregados negativamente, outros carregados positivamente. Os elétrons negativos não têm massa, é verdade; mas os elétrons positivos, segundo o pouco que se sabe, parecem muito maiores. Talvez tenham, além de sua massa eletrodinâmica, uma verdadeira massa mecânica. A verdadeira massa de um corpo seria então a soma das massas mecânicas de seus elétrons positivos; os elétrons negativos não contariam; a massa assim definida poderia ainda ser constante.

Que lástima! Também esse recurso nos escapa. Lembremo-nos do que dissemos a propósito do princípio de relatividade e dos esforços feitos para salvá-lo. E não é apenas um princípio que se trata de salvar, são os resultados indubitáveis das experiências de Michelson. Pois bem, tal como vimos acima, para explicar esses resultados Lorentz foi obrigado a supor que todas as forças, qualquer que seja sua origem, eram reduzidas na mesma proporção num meio animado por uma translação uniforme; não é o bastante: não basta que isso ocorra com as forças reais, é preciso também que se dê o mesmo com as forças de inércia; é preciso, pois — diz ele —, que *as massas de todas as partículas sejam influenciadas por uma translação no mesmo grau que as massas eletromagnéticas dos elétrons.*

Assim, as massas mecânicas devem variar segundo as mesmas leis que as massas eletrodinâmicas; portanto, não podem ser constantes.

Preciso fazer observar que a queda do princípio de Lavoisier acarreta a queda do princípio de Newton? Este último indica que o centro de gravidade de um sistema isolado se move em linha reta; mas se não há mais massa constante, não há mais centro de gravidade, nem sequer se sabe mais o que ele é. Foi por isso que eu disse acima que as experiências acerca dos raios catódicos tinham parecido justificar as dúvidas de Lorentz a propósito do princípio de Newton.

De todos esses resultados, se fossem confirmados, proviria uma mecânica inteiramente nova, que seria sobretudo caracterizada pelo fato de que nenhuma velocidade poderia ultrapassar a da luz,* assim como nenhuma temperatura pode cair abaixo do zero absoluto. Para um observador, ele mesmo arrastado numa translação que não percebe, também nenhuma velocidade aparente poderia ultrapassar a da luz; e essa seria uma contradição, se não nos lembrássemos de que esse observador não utilizaria os mesmos relógios que um observador fixo, mas vários relógios marcando o "tempo local".

---

* Pois os corpos oporiam uma inércia crescente às causas que tendessem a acelerar seu movimento; e essa inércia se tornaria infinita quando nos aproximássemos da velocidade da luz. (N. do A.)

Eis-nos então diante de uma questão que me limito a apresentar. Se não existe mais massa, o que acontece com a lei de Newton? A massa tem dois aspectos: é ao mesmo tempo um coeficiente de inércia e uma massa atrativa que entra como fator na atração newtoniana. Se o coeficiente de inércia não é constante, a massa atrativa poderá sê-lo? Eis a questão.

O princípio de Mayer

Ao menos ainda nos restava o princípio da conservação da energia, e este parecia mais sólido. Devo lembrar-lhes como, por sua vez, ele foi desacreditado? O evento fez mais rumor do que os precedentes e está em todas as memórias. Desde os primeiros trabalhos de Becquerel, e sobretudo quando os Curie descobriram o rádio, viu-se que todo corpo radioativo era uma fonte inesgotável de radiação. Sua atividade parecia subsistir sem alteração ao longo de meses e anos. Esse já era um desrespeito aos princípios; aquelas radiações eram de fato energia, que o mesmo fragmento de rádio liberava sem cessar. Mas essas quantidades de energia eram fracas demais para serem medidas; ao menos era o que se pensava, e ninguém se preocupava muito. Tudo mudou quando Curie teve a ideia de pôr o rádio num calorímetro; então, viu-se que a quantidade de calor incessantemente criada era muito considerável.

As explicações propostas foram numerosas; mas, num assunto como esse, não se pode dizer que quanto mais, melhor; tanto que nenhuma dessas explicações prevaleceu sobre as outras: não podemos estar certos de que alguma delas seja boa. Todavia, já faz algum tempo que uma dessas explicações parece prevalecer, e podemos razoavelmente esperar ter a chave do mistério.

Sir W. Ramsay procurou mostrar que o rádio se transforma, que contém uma provisão de energia enorme, mas não inesgotável. A transformação do rádio produziria então 1 milhão de vezes mais calor do que todas as transformações conhecidas; o rádio se esgotaria em 1.250 anos. Não é muito tempo, mas percebem que ao menos estamos certos de que esse ponto estará esclarecido daqui a algumas centenas de anos. Enquanto isso, subsistem nossas dúvidas.

CAPÍTULO IX
O futuro da física matemática

Os princípios e a experiência

Em meio a tantas ruínas, o que permanece de pé? Até aqui, o princípio da mínima ação está intacto, e Larmor parece crer que ele sobreviverá aos outros por muito tempo; de fato, é ainda mais vago e mais geral.

Diante desse colapso geral dos princípios, que atitude vai tomar a física matemática? De início, antes de se deixar tomar demais pela emoção, convém perguntar-se se tudo isso é bem verdadeiro. Todas essas derrogações aos princípios só são encontradas nos infinitamente pequenos; é preciso o microscópio para ver o movimento browniano; os elétrons são bem leves; o rádio é bem raro, e nunca se tem mais que alguns miligramas ao mesmo tempo; então, podemos nos perguntar se, ao lado do infinitamente pequeno que vimos, não havia outro infinitamente pequeno que não víamos, e que fazia contrapeso ao primeiro.

Portanto existe aí uma questão prévia e, ao que parece, só a experiência pode resolvê-la. Só teremos então que ceder a vez aos experimentadores e, enquanto esperamos que eles decidam definitivamente a questão, não nos preocupar com esses inquietantes problemas, e continuar tranquilamente nossa obra, como se os princípios ainda estivessem incontestados. É verdade que temos muito a fazer sem sair do domínio no qual podemos aplicá-los com toda a segurança; temos em que empregar nossa atividade durante esse período de dúvidas.

O papel do analista

E contudo, será verdade mesmo que não podemos fazer nada para livrar a ciência dessas dúvidas? É preciso reconhecer que não foi só a física experimental que as fez nascer: por seu lado, a física matemática contribuiu bastante para isso. Foram os experimentadores que viram o rádio desprender energia, mas foram os teóricos que evidenciaram todas as dificuldades levantadas pela propagação da luz através de um meio em movimento; sem eles, é provável que não se tivesse essa ideia. Pois bem, então, se eles fizeram o possível para nos pôr em dificuldades, também é bom que nos ajudem a sair delas.

É preciso que submetam à crítica todos esses novos pontos de vista que acabo de esboçar diante dos senhores, e que só abandonem os princípios após terem feito um esforço leal para salvá-los. O que podem fazer nesse sentido? É o que vou tentar explicar.

Trata-se, antes de tudo, de obter uma teoria mais satisfatória da eletrodinâmica dos corpos em movimento? Como mostrei suficientemente acima, é aí sobretudo que se acumulam as dificuldades; por mais que acumulemos hipóteses, não podemos satisfazer todos os princípios ao mesmo tempo; até aqui, só conseguimos salvaguardar uns com a condição de sacrificar outros; mas nem toda a esperança de obter melhores resultados está perdida ainda. Tomemos então a teoria de Lorentz, examinando-a em todos os sentidos; vamos modificá-la pouco a pouco, e talvez tudo se arranje.

Assim, em vez de supor que os corpos em movimento sofrem uma contração no sentido do movimento, e que essa contração é a mesma qualquer que seja a natureza desses corpos e as forças às quais, por outro lado, eles são submetidos, não poderíamos formular uma hipótese mais simples e mais natural? Poderíamos imaginar, por exemplo, que é o éter que se modifica quando se encontra em movimento relativo em relação ao meio material que o penetra e que, quando está assim modificado, não transmite mais as perturbações com a mesma velocidade em todos os sentidos. Transmitiria mais rapidamente as que se propagassem paralelamente ao movimento do meio, quer no mesmo sentido, quer no sentido contrário, e menos rapidamente as que se propagassem perpendicularmente. As superfícies de ondas não seriam mais esferas, mas elipsoides, e poderíamos prescindir dessa extraordinária contração de todos os corpos.

Só cito isso a título de exemplo, pois as modificações que se poderiam tentar evidentemente seriam suscetíveis de variar ao infinito.

A aberração e a astronomia

É possível também que a astronomia nos forneça um dia dados sobre esse ponto. Foi ela, em suma, que levantou a questão, ao nos fazer conhecer o fenômeno da aberração da luz; se fizermos cruamente a teoria da aberração, chegaremos a um resultado bem curioso. As posições aparentes das estrelas diferem de suas posições reais, por causa do movimento da Terra, e, como esse movimento é variável, essas posições aparentes variam. Não podemos conhecer a posição real, mas podemos observar as variações da posição aparente. As observações da aberração nos mostram, portanto, não o movimento da Terra, mas as variações desse movimento, e por conseguinte não podem nos informar sobre o movimento absoluto da Terra.

Ao menos isso é verdade numa primeira aproximação, mas não ocorreria o mesmo se pudéssemos avaliar os milésimos de segundo. Veríamos então que a amplitude da oscilação depende não só da variação do movimento, variação bem conhecida, já que é o movimento de nosso globo em sua órbita elíptica, mas do valor médio desse movimento, de modo que a constante da aberração não seria exatamente a mesma para todas as estrelas, e as diferenças nos revelariam o movimento absoluto da Terra no espaço.

Sob uma outra forma, aí estaria a ruína do princípio de relatividade. É verdade que estamos longe de avaliar o milésimo de segundo, mas afinal de contas, como dizem certas pessoas, a velocidade absoluta total da Terra é talvez muito maior que sua velocidade em relação ao Sol; se ela fosse, por exemplo, de 300 quilômetros por segundo, em vez de 30, isso bastaria para que o fenômeno se tornasse observável.

Creio que, raciocinando assim, admitimos uma teoria demasiado simplista da aberração; Michelson nos mostrou, como eu lhes disse, que os procedimentos físicos são impotentes para pôr em evidência o movimento absoluto; estou persuadido de que ocorrerá o mesmo com os procedimentos astronômicos, por mais longe que se possa levar a precisão.

De qualquer modo, os dados que a astronomia nos fornecerá nesse sentido serão um dia preciosos para o físico. Enquanto isso, creio que os teóricos, relembrando a experiência de Michelson, podem antecipar um resultado negativo, e realizariam um trabalho útil construindo uma teoria da aberração que explicasse isso de antemão.

Os elétrons e os espectros

Essa dinâmica dos elétrons pode ser abordada por muitos lados, mas entre os caminhos que a ela conduzem há um que foi algo negligenciado, e contudo é um dos que nos promete mais surpresas. São os movimentos dos elétrons que produzem as raias dos espectros de emissão; o fenômeno de Zeeman o prova; num corpo incandescente, o que vibra é sensível ao ímã, portanto eletrizado. Aí está um primeiro ponto muito importante, mas não se avançou mais; por que as raias do espectro são distribuídas segundo uma lei regular? Essas leis foram estudadas pelos experimentadores em seus menores detalhes; são muito precisas e relativamente simples. O primeiro estudo dessas distribuições faz pensar nas harmônicas que encontramos em acústica, mas a diferença é grande; não só os números de vibrações não são múltiplos sucessivos de um mesmo número, como também não encontramos mesmo nada de análogo às raízes das equações transcendentais às quais nos conduzem tantos problemas da física matemática: o das vibrações de um corpo elástico de forma qualquer, o das oscilações hertzianas num oscilador de forma qualquer e o problema de Fourier para o resfriamento de um corpo sólido.

As leis são mais simples, mas são de natureza inteiramente diferente e, para citar apenas uma dessas diferenças, no que diz respeito às harmônicas de ordem elevada, o número das vibrações tende para um limite finito, ao invés de crescer indefinidamente.

Isso ainda não foi explicado, e creio que aí está um dos mais importantes segredos da natureza. Um físico japonês, o sr. Nagaoka, propôs recentemente uma explicação: segundo ele, os átomos seriam formados de um grande elétron positivo, rodeado de um anel formado de um enorme número de elétrons negativos muito pequenos. Tal como o planeta Saturno, com seu anel. Essa é uma tentativa muito interessante, mas ainda não inteiramente satisfatória; essa tentativa precisaria ser renovada. Penetraremos, por assim dizer, na intimidade da matéria. E, do ponto de vista particular que nos ocupa hoje, quando soubermos por que as vibrações dos corpos incandescentes diferem assim das vibrações elásticas comuns e por que os elétrons não se comportam como a matéria que nos é familiar, compreenderemos melhor a dinâmica dos elétrons, e talvez nos seja mais fácil conciliá-la com os princípios.

As convenções diante da experiência

Suponhamos agora que todos esses esforços fracassem e, pensando bem, não creio nisso; o que será preciso fazer? Devemos procurar consertar os princípios afetados, dando o que nós, franceses, chamamos de "*coup de pouce*"?* Evidentemente isso é sempre possível, e não retiro nada do que disse anteriormente. Não escreveram os senhores, poderiam dizer-me se querem me provocar, não escreveram que os princípios, embora de origem experimental, estão agora fora do alcance da experiência porque se tornaram convenções? E agora vêm nos dizer que as conquistas mais recentes da experiência põem esses princípios em perigo.

Pois bem, eu tinha razão outrora, e não estou errado hoje. Tinha razão outrora, e o que se passa agora é uma nova prova disso. Tomemos, por exemplo, a experiência calorimétrica de Curie sobre o rádio. Será possível conciliá-la com o princípio da conservação da energia? Tentou-se fazê-lo de muitas maneiras; mas há uma, entre outras, que eu gostaria de fazê-los observar; não é a explicação que hoje tende a prevalecer, mas é uma das que foram propostas. Supôs-se que o rádio era apenas um intermediário, que não fazia mais que armazenar radiações de natureza desconhecida, que sulcavam o espaço em todos os sentidos, atravessando todos os corpos, menos o rádio, sem ser alteradas por essa passagem, e sem exercer qualquer ação sobre eles. Só o rádio lhes tomaria um pouco da energia, devolvendo-a a nós, em seguida, sob diversas formas.

Que explicação vantajosa, e como é cômoda! Antes de mais nada, é inverificável, e por isso mesmo irrefutável. Depois, pode servir para

---

* Expressão que poderíamos traduzir por "ajuda". (N. da T.)

explicar qualquer derrogação ao princípio de Mayer; responde de antemão não só à objeção de Curie, como também a todas as objeções que os experimentadores futuros pudessem acumular. Essa energia nova e desconhecida poderá servir para tudo.

É bem o que eu dissera, e com isso nos mostram bem que nosso princípio está fora do alcance da experiência.

E afinal, o que ganhamos com essa "ajuda"? O princípio está intacto, mas para que serve ele, doravante? Permitia-nos prever que em tal ou tal circunstância podíamos contar com tal quantidade total de energia; limitava-nos; mas agora que põem à nossa disposição essa provisão indefinida de energia nova, não estamos mais limitados por nada; e, como escrevi em *A ciência e a hipótese*, se um princípio cessa de ser fecundo, a experiência, sem contradizê-lo diretamente, contudo, o terá condenado.

A física matemática futura

Portanto, não é isso que deveríamos fazer; deveríamos construir tudo de novo. Se fôssemos reduzidos a essa necessidade, poderíamos, aliás, nos consolar. Não se deveria concluir daí que a ciência só pode fazer um trabalho de Penélope, que só pode erguer construções efêmeras que logo se vê forçada a demolir de cima a baixo, com suas próprias mãos.

Como lhes disse, já passamos por uma crise semelhante. Mostrei-lhes que na segunda física matemática, a dos princípios, reencontramos os vestígios da primeira, a das forças centrais; o mesmo acontecerá se tivermos que conhecer uma terceira. Tal como o animal que se transmuta, quebrando sua carapaça demasiado apertada e envergando outra mais jovem; sob o novo envoltório reconheceremos facilmente os traços essenciais do organismo que subsistiram.

Não podemos prever em que sentido nos iremos expandir; talvez seja a teoria cinética dos gases que se vai desenvolver e servir de modelo às outras. Então os fatos que de início nos apareciam como simples não seriam mais que as resultantes de um número muito grande de fatos elementares que só as leis do acaso fariam colaborar para o mesmo objetivo. A lei física tomaria então um aspecto inteiramente novo; não seria mais apenas uma equação diferencial, assumiria o caráter de uma lei estatística.

Talvez também devamos construir toda uma mecânica nova, que apenas entrevemos, onde, crescendo a inércia com a velocidade, a velocidade da luz se tornaria um limite intransponível. A mecânica vulgar, mais simples, permaneceria uma primeira aproximação, já que seria verdadeira para as velocidades que não fossem muito grandes, de modo que encontraríamos ainda a antiga dinâmica sob a nova. Não teríamos que lamentar ter acreditado nos princípios, e mesmo, como as velocidades demasiado grandes para as antigas fórmulas seriam sempre excepcionais, o mais seguro, na prática, seria ainda fazer como se continuássemos a acreditar neles. São tão úteis, que se deveria conservar-lhes um lugar. Querer excluí-los inteiramente seria privar-se de uma arma preciosa. Apresso-me a dizer, para terminar, que não é essa a situação, e que nada prova ainda que eles não sairão da luta vitoriosos e intactos.[*]

---

[*] Essas considerações sobre a física matemática foram tiradas da conferência feita em Saint-Louis. (N. do A.)

TERCEIRA PARTE

O VALOR OBJETIVO DA CIÊNCIA

CAPÍTULO X
A ciência é artificial?

I. A filosofia do sr. Le Roy

Há muitas razões para sermos céticos; devemos levar esse ceticismo até o fim ou parar no meio do caminho? Ir até o fim é a solução mais tentadora, mais cômoda e a que muitas pessoas adotaram, sem esperança de salvar alguma coisa do naufrágio.

Dentre os escritos que se inspiram nessa tendência, convém colocar entre os mais importantes os do sr. Le Roy. Esse pensador não é apenas um filósofo e escritor do maior mérito, mas adquiriu um conhecimento profundo das ciências exatas e das ciências físicas, chegando a dar prova de preciosas faculdades de invenção matemática.

Resumamos em algumas palavras sua doutrina, que deu ensejo a numerosas discussões.

A ciência é feita apenas de convenções, e é unicamente a essa circunstância que deve sua aparente certeza; os fatos científicos e, *a fortiori*, as leis são obra artificial do cientista; a ciência, portanto, nada pode nos ensinar sobre a verdade, só pode nos servir como regra de ação.

Reconhecemos aí a teoria filosófica conhecida pelo nome de nominalismo; nem tudo é falso nessa teoria; é preciso reservar-lhe seu legítimo domínio, mas também não se deveria deixá-la sair dele.

Não é só isso: a doutrina do sr. Le Roy não é apenas nominalista; tem ainda uma outra característica, que sem dúvida deve à influência do sr. Bergson: é anti-intelectualista. Para o sr. Le Roy, a inteligência deforma tudo o que toca, e isso é ainda mais verdadeiro para seu instrumento necessário, "o discurso". Não há realidade senão em nossas impressões fugidias e mutantes, e mesmo essa realidade se esvai assim que a tocamos.

E contudo o sr. Le Roy não é um cético; se considera a inteligência como irremediavelmente impotente, é apenas para reservar o papel mais importante a outras fontes de conhecimento, como por exemplo o coração, o sentimento, o instinto ou a fé.

Qualquer que seja minha estima pelo talento do sr. Le Roy, qualquer que seja a engenhosidade dessa tese, não posso aceitá-la inteiramente. É verdade que concordo em muitos pontos com o sr. Le Roy, e ele chegou a citar, em apoio a seu ponto de vista, diversas passagens de meus escritos que de modo algum estou disposto a rejeitar. Isso só me faz mais empenhado em explicar por que não posso segui-lo até o fim.

O sr. Le Roy queixa-se muitas vezes de ser acusado de ceticismo. Não podia deixar de sê-lo, embora essa acusação provavelmente seja injusta. Não estão as aparências contra ele? Nominalista de doutrina, mas realista de coração, parece só escapar ao nominalismo absoluto por um ato desesperado de fé.

É que a filosofia anti-intelectualista, recusando a análise e "o discurso", condena-se por isso mesmo a ser intransmissível: é uma filosofia essencialmente interna, ou ao menos o que se pode dela transmitir são apenas as negações; como então espantar-se com o fato de que, para um observador exterior, ela tome a forma do ceticismo?

Aí está o ponto fraco dessa filosofia: se quer permanecer fiel a si mesma, esgota seu poder numa negação e num grito de entusiasmo. Cada autor pode repetir essa negação e esse grito, variando sua forma, mas sem nada acrescentar.

Além disso, não seria mais consequente calar-se? Ora essa, os senhores escreveram longos artigos; para isso não puderam deixar de usar palavras. Assim, não foram muito mais "discursivos" e, por conseguinte, não ficaram muito mais longe da vida e da verdade do que o animal que vive pura e simplesmente sem filosofar? Não seria esse animal o verdadeiro filósofo?

Contudo, só porque nenhum pintor conseguiu fazer um retrato inteiramente igual ao modelo, devemos concluir que a melhor pintura é não pintar? Quando um zoólogo disseca um animal, certamente ele "o altera". Sim, ao dissecá-lo, condena-se a nunca conhecer tudo dele. Mas não o dissecando iria condenar-se a nunca conhecer nada, e, por conseguinte, nunca dizer nada.

É verdade que há no homem outras forças além de sua inteligência: ninguém jamais foi suficientemente louco para negá-lo. O primeiro que aparece faz agirem ou deixa agirem essas forças cegas; o filósofo deve *falar* delas; para falar, deve conhecer delas o pouco que se pode conhecer: deve, portanto, *vê-las* agir. Como? Com que olhos, senão com a inteligência? O coração e o instinto podem guiá-la, mas não torná-la inútil; podem dirigir o olhar, mas não substituir o olho. Que o coração seja o operário, e a inteligência seja apenas o instrumento, podemos aceitar. De qualquer modo, é um instrumento que não podemos dispensar, se não para agir, ao menos para filosofar.

É por isso que uma filosofia realmente anti-intelectualista é impossível. Talvez devamos concluir pelo "primado" da ação; ainda assim, é nossa inteligência que irá tirar essa conclusão; cedendo a vez à ação, desse modo ela guardará a superioridade do caniço pensante de Pascal. Eis aí também um "primado" que não é de se desprezar.

Que me perdoem essas curtas reflexões, e que me perdoem também fazê-las tão curtas, e mal ter aflorado a questão. O processo movido contra intelectualismo não é o assunto de que quero tratar: quero falar da ciência e, quanto a ela, não há dúvida; por definição, por assim dizer, ela será intelectualista ou não existirá. O que se trata de saber, precisamente, é se existirá.

2. A ciência, regra de ação

Para o sr. Le Roy, a ciência não é mais que uma regra de ação. Somos impotentes para conhecer o que quer que seja, e contudo estamos envolvidos, precisamos agir e, por via das dúvidas, fixamos regras. É ao conjunto dessas regras que chamamos ciência.

Foi assim que os homens, desejosos de se divertir, estabeleceram regras de jogos (como por exemplo as do gamão) que poderiam, melhor do que a própria ciência, apoiar-se na prova do consenso universal. É assim também que, sem condição de escolher, mas forçados a escolher, jogamos para o alto uma moeda, para tirar cara ou coroa.

A regra do gamão é bem uma regra de ação, como a ciência, mas pode-se crer que a comparação seja justa, e não ver a diferença? As regras do jogo são convenções arbitrárias, e poderíamos ter adotado a convenção contrária, *que não teria sido menos boa*. Ao contrário, a ciência é uma regra de ação que funciona, pelo menos de maneira geral, e digo mais — ao passo que a regra contrária não teria funcionado.

Se digo que, para fazer hidrogênio, deve-se fazer agir um ácido sobre o zinco, formulo uma regra que funciona; poderia ter mandado fazer agir água destilada sobre ouro; isso também teria sido uma regra, só que não teria funcionado.

Portanto, se essas "receitas" científicas têm um valor, como regra de ação, é porque sabemos que elas funcionam, ao menos em geral. Mas saber isso é realmente saber alguma coisa, e então por que vêm os senhores dizer-nos que nada podemos conhecer?

A ciência prevê, e é porque prevê que pode ser útil, e servir de regra de ação. Sei bem que suas previsões são muitas vezes desmentidas pelo evento; isso prova que a ciência é imperfeita, e se acrescento que continuará sempre assim, estou certo de que esta é uma previsão que, pelo menos ela, jamais será desmentida. De qualquer modo, o cientista se engana com menos frequência do que um profeta que fizesse predições ao acaso. Por outro lado, o progresso é lento, mas contínuo, de modo que os cientistas, embora cada vez mais ousados, ficam cada vez menos decepcionados. É pouco, mas é o bastante.

Sei bem que o sr. Le Roy disse, em algum lugar, que a ciência se enganava com mais frequência do que se imagina, que os cometas por vezes pregavam peças aos astrônomos, que os cientistas, que aparentemente são homens, não falavam de muito bom grado de seus insucessos e que, se falassem, deveriam contar mais derrotas do que vitórias.

Nesse dia o sr. Le Roy evidentemente extrapolou seu pensamento. Se a ciência não fosse bem-sucedida, não poderia servir de regra de ação; de onde tiraria ela seu valor? Do fato de ser "vivida", isto é, do fato de que a amamos e cremos nela? Os alquimistas tinham, para fazer ouro, receitas de que gostavam e nas quais tinham fé; contudo as boas receitas são as nossas, embora nossa fé seja menos viva, porque elas são bem-sucedidas.

Não há meio de escapar a este dilema: ou bem a ciência não permite prever, e então não tem valor como regra de ação, ou então permite prever de modo mais ou menos imperfeito, e então não deixa de ter valor como meio de conhecimento.

Não se pode sequer dizer que a ação seja o objetivo da ciência; devemos condenar os estudos feitos sobre a estrela Sirius, sob o pretexto de que provavelmente jamais exerceremos qualquer ação sobre esse astro?

A meu ver, ao contrário, o objetivo é o conhecimento, e a ação é o meio. Se me felicito pelo desenvolvimento industrial, não é só porque ele fornece um argumento fácil aos advogados da ciência; é sobretudo porque dá ao cientista a fé nele mesmo, e também porque lhe oferece um notável campo de experimentação, onde ele esbarra em forças imensamente grandes. Sem esse lastro, quem sabe não se faria ao largo, seduzido pela miragem de alguma nova escolástica, ou desesperaria, pensando que teve apenas um sonho?

3. O fato bruto e o fato científico

O que havia de mais paradoxal na tese do sr. Le Roy era a afirmação de que *o cientista cria o fato*; era ao mesmo tempo seu ponto essencial, e foi um dos que foram mais discutidos.

Talvez — diz ele — (tenho para mim que era uma concessão) não seja o cientista que cria o fato bruto; ao menos, é ele que cria o fato científico.

Essa distinção entre o fato bruto e o fato científico não me parece ilegítima por si só. Mas, antes de mais nada, incomoda-me que a fronteira não tenha sido traçada nem de maneira exata, nem de maneira precisa; em seguida, que o autor pareça ter subentendido que o fato bruto, não sendo científico, está fora da ciência.

Enfim, não posso admitir que o cientista crie livremente o fato científico, já que é o fato bruto que o impõe a ele.

Os exemplos dados pelo sr. Le Roy muito me espantaram. O primeiro é tirado da noção de átomo. O átomo escolhido como exemplo de fato! Confesso que essa escolha me desconcertou de tal maneira, que prefiro nada dizer sobre isso. Certamente compreendi mal o pensamento do autor, e não poderia discuti-lo proveitosamente.

O segundo caso tomado como exemplo é o de um eclipse em que o fenômeno bruto é um jogo de sombra e de luz, mas onde o astrônomo não pode intervir sem introduzir dois elementos estranhos: um relógio e a lei de Newton.

Enfim, o sr. Le Roy cita a rotação da Terra; responderam-lhe: mas isso não é um fato. Ele replicou: era um fato, tanto para Galileu, que o afirmava, quanto para o inquisidor, que o negava. De qualquer modo, não é um fato como aqueles dos quais acabamos de falar, e lhes dar o mesmo nome é se expor a muitas confusões.

Eis aqui, pois, quatro graus:

1º – Está escuro, diz o ignorante.

2º – O eclipse ocorreu às nove horas, diz o astrônomo.

3º – O eclipse ocorreu na hora que se pode deduzir das tabelas construídas segundo as leis de Newton, diz ele também.

4º – Isso se deve ao fato de que a Terra gira em torno do Sol, diz, enfim, Galileu.

Onde está, então, a fronteira entre o fato bruto e o fato científico? Ao ler o sr. Le Roy, pensaríamos que está entre o primeiro e o segundo graus, mas quem não vê que há mais distância entre o segundo e o terceiro, e mais ainda entre o terceiro e o quarto?

Permitam-me citar dois exemplos que talvez nos esclareçam um pouco.

Observo o desvio de um galvanômetro com o auxílio de um espelho móvel, que projeta uma imagem luminosa ou *spot* numa escala dividida. O fato bruto é: vejo o *spot* se deslocar na escala, e o fato científico é: passa uma corrente no circuito.

Ou ainda: quando faço uma experiência, devo fazer com que o resultado sofra certas correções, porque sei que devo ter cometido erros. Esses erros são de dois tipos: uns são acidentais, e eu os corrigirei tomando a média; os outros são sistemáticos, e só poderei corrigi-los mediante um estudo aprofundado de suas causas.

O primeiro resultado obtido é então o fato bruto, enquanto o fato científico é o resultado final depois de terminadas as correções.

Refletindo sobre esse último exemplo, somos levados a subdividir nosso segundo grau e, em vez de dizer:

2º – O eclipse ocorreu às nove horas, diremos:

2º(a) – O eclipse ocorreu quando meu relógio marcava nove horas; e

2º(b) – Como meu relógio atrasa dez minutos, o eclipse ocorreu às nove e dez.

E não é só isso: o primeiro grau também deve ser subdividido, e não é entre essas duas subdivisões que a distância será menor; entre a impressão de escuridão, que a testemunha de um eclipse experimenta, e a afirmação "está escuro", que essa impressão lhe provoca, é necessário fazer a distinção. Num certo sentido, a primeira é o único verdadeiro fato bruto, e a segunda já é uma espécie de fato científico.

Portanto, nossa escala agora tem seis graus e, embora não haja nenhuma razão para que nos detenhamos nesse número, é o que faremos.

Antes de tudo, o que me impressiona é o seguinte: no primeiro de nossos seis graus, o fato, ainda completamente bruto, é por assim dizer individual, é completamente distinto de todos os outros fatos possíveis. A partir do segundo grau, não acontece mais o mesmo. O enunciado do fato poderia convir a uma infinidade de outros fatos. Assim que a linguagem intervém, disponho apenas de um número de termos para exprimir as nuanças, em número infinito, de que minhas impressões se poderiam revestir. Quando digo "Está escuro", isso exprime bem as impressões que experimento ao assistir a um eclipse; mas na própria escuridão poderíamos imaginar uma quantidade de nuanças e se, em vez daquela que efetivamente se realizou, se tivesse produzido uma nuança pouco diferente, mesmo assim, contudo, eu teria também enunciado esse outro fato dizendo "está escuro".

Segunda observação: mesmo no segundo grau, o enunciado de um fato só pode ser *verdadeiro ou falso*. Não aconteceria o mesmo com uma proposição qualquer; se essa proposição é o enunciado de uma convenção, não se pode dizer que esse enunciado seja *verdadeiro*, no sentido literal da palavra, já que ele não poderia ser verdadeiro contra a minha vontade, e é verdadeiro apenas porque assim o desejo.

Quando digo, por exemplo, que a unidade de comprimento é o metro, é um decreto que aceito, não é uma constatação que se impõe a mim. Como creio ter mostrado alhures, é o mesmo quando se trata, por exemplo, do postulado de Euclides.

Quando me perguntam "Está escuro?", sei sempre se devo responder "sim" ou "não".

Embora uma infinidade de fatos possíveis possam admitir este mesmo enunciado, "Está escuro", saberei sempre se o fato realizado está ou não entre aqueles que respondem a esse enunciado. Os fatos são classificados em categorias, e se me perguntam se o fato que constato entra ou não em determinada categoria, não hesitarei.

Sem dúvida, essa classificação comporta arbitrariedade suficiente para conceder um grande papel à liberdade ou ao capricho do homem. Em uma palavra, essa classificação é uma convenção. *Sendo dada essa convenção*, se me perguntam "Tal fato é verdadeiro?", saberei sempre o que responder, e minha resposta me será imposta pelo testemunho de meus sentidos.

Portanto, se durante um eclipse perguntam "Está escuro?", todos responderão que sim. Sem dúvida responderiam que não aqueles que falassem uma língua em que "claro" significasse "escuro", e "escuro" significasse "claro". Mas que importância pode ter isso?

Assim também, em matemática, *uma vez enunciadas as definições e os postulados que são convenções*, um teorema só pode ser verdadeiro ou falso. Mas para responder à questão "Este teorema é verdadeiro?", não é mais ao testemunho de meus sentidos que recorrerei, mas sim ao raciocínio.

O enunciado de um fato é sempre verificável, e para a verificação recorremos quer ao testemunho de nossos sentidos, quer à lembrança desse testemunho. É isso, propriamente, o que caracteriza um fato. Se me perguntam "Tal fato é verdadeiro?", começarei por lhes pedir, se for o caso, que precisem as convenções, e por lhes perguntar, em outros termos, em que língua falaram; depois, uma vez fixado nesse ponto, interrogarei meus sentidos e responderei "sim" ou "não". Mas a resposta me terá sido dada por meus sentidos, não serão *os senhores* que me dirão "Foi em inglês ou em francês que lhe falei".

Haverá alguma coisa a mudar em tudo isso, quando passamos aos graus seguintes? Quando observo um galvanômetro, como acabo de dizer, se pergunto a um visitante ignorante "A corrente está passando?", ele vai olhar o fio, para tentar ver passar ali alguma coisa; mas se faço a mesma pergunta ao meu assistente, que compreende a minha língua, ele saberá que isso quer dizer "O *spot* se desloca?", e olhará para a escala.

Qual a diferença, então, entre o enunciado de um fato bruto e o enunciado de um fato científico? A mesma que entre o enunciado do mesmo fato bruto na língua francesa e na língua alemã. O enunciado científico é a tradução do enunciado bruto para uma linguagem que se distingue sobretudo do alemão vulgar ou do francês vulgar porque é falada por um número bem menor de pessoas.

Contudo, não andemos rápido demais. Para medir uma corrente, posso utilizar um enorme número de tipos de galvanômetros, ou ainda um eletrodinamômetro. Então, quando disser que passa no circuito uma corrente de tantos amperes, isso quererá dizer que, se adapto a esse circuito determinado galvanômetro, verei o *spot* ir para a divisão a; mas isso quererá dizer igualmente que, se adapto a esse circuito determinado eletrodinamômetro, verei o *spot* ir para a divisão b. E isso quererá dizer ainda muitas outras coisas, pois a corrente pode se manifestar não só por efeitos mecânicos, mas também por efeitos químicos, térmicos, luminosos etc.

Aí está, portanto, um enunciado só que convém a um enorme número de fatos absolutamente diferentes. Por quê? Porque admito uma lei segundo a qual toda vez que um determinado efeito mecânico se produzir, um determinado efeito químico se produzirá por seu lado. Experiências anteriores em grande número jamais me mostraram que essa lei falhasse; então percebi que poderia exprimir pelo mesmo enunciado dois fatos tão invariavelmente ligados um ao outro.

Quando me perguntarem "A corrente está passando?", poderei compreender que isso quer dizer "Tal efeito mecânico vai produzir-se?", mas também poderei compreender "Tal efeito químico vai produzir-se?". Verificarei então quer a existência do efeito mecânico, quer a do efeito químico; isso será indiferente, já que, tanto num caso como no outro, a resposta deve ser a mesma.

E se a lei um dia viesse a ser declarada falsa? Se percebêssemos que a concordância dos dois efeitos, o mecânico e o químico, não é constante? Nesse dia, seria preciso mudar a linguagem científica, para fazer desaparecer dela uma grave ambiguidade.

E depois? Pode-se crer que a linguagem corrente, com a qual exprimimos os fatos da vida diária, seja isenta de ambiguidade?

Daí concluiremos que os fatos da vida diária são obra dos gramáticos?

Os senhores me perguntam "Há uma corrente?". Procuro ver se o efeito mecânico existe, constato-o e respondo "Sim, há uma corrente". Os senhores compreendem ao mesmo tempo que isso quer dizer que o efeito mecânico existe e que o efeito químico, que não pesquisei, também existe. Imaginemos agora, por mais impossível que seja, que a lei que acreditávamos verdadeira não o seja, e que o efeito químico não tenha existido nesse caso. Nessa hipótese, haverá dois fatos distintos: um diretamente observado — verdadeiro —, o outro inferido e falso. Poderemos até dizer que fomos nós que criamos o segundo. De modo que a parte de colaboração pessoal do homem na criação do fato científico é o erro.

Mas se podemos dizer que o fato em questão é falso, não será justamente porque ele não é uma criação livre e arbitrária de nosso espírito, uma convenção disfarçada, e nesse caso não seria verdadeiro nem falso? E de fato ele era verificável: eu não havia feito a verificação, mas poderia tê-la feito. Se dei uma resposta errada, foi porque quis responder rápido demais, sem ter interrogado a Natureza, a única a saber o segredo.

Quando, após uma experiência, corrijo os erros acidentais e sistemáticos para destacar o fato científico, é ainda a mesma coisa; o fato científico jamais será outra coisa que não o fato bruto traduzido para uma outra linguagem. Quando eu disser "São tantas horas", isso será um modo abreviado de dizer "Há tal relação entre a hora que meu relógio marca e a hora que ele marcava no momento da passagem de um determinado astro e de outro astro pelo meridiano". E uma vez adotada por todos essa convenção de linguagem, quando me perguntarem "São tantas horas?", não dependerá de mim responder "sim" ou "não".

Passemos ao penúltimo grau: o eclipse ocorreu na hora dada pelas tabelas deduzidas das leis de Newton. Esta é ainda uma convenção de linguagem perfeitamente clara para aqueles que conhecem a mecânica celeste, ou simplesmente para aqueles que possuem as tabelas calculadas pelos astrônomos. Perguntam-me "O eclipse ocorre na hora predita?". Consulto a *Connaissance des Temps*,* vejo que o eclipse estava anunciado para as nove horas e compreendo que a pergunta queria dizer "O eclipse ocorreu às nove horas?". Também aí nada temos a mudar em nossas conclusões. *O fato científico é apenas o fato bruto traduzido para uma linguagem cômoda.*

É verdade que, no último grau, as coisas mudam. A Terra gira? É esse um fato verificável? Para chegar a um acordo, podiam Galileu e o Grande Inquisidor apelar para o testemunho de seus sentidos? Ao contrário, estavam de acordo sobre as aparências, e quaisquer que tivessem sido as experiências acumuladas, eles teriam permanecido de acordo sobre as aparências, sem jamais concordar quanto à sua interpretação. Foi mesmo por isso que foram obrigados a recorrer a procedimentos de discussão tão pouco científicos.

É por isso que estimo que não discordavam sobre um *fato*; não temos o direito de dar o mesmo nome à rotação da Terra, que era o objeto de sua discussão, e aos fatos brutos ou científicos que passamos em revista até aqui.

Depois do que foi dito acima, parece supérfluo investigar se o fato bruto está fora da ciência, pois não pode haver nem ciência sem fato científico, nem fato científico sem fato bruto, já que o primeiro é apenas a tradução do segundo.

E então, temos o direito de dizer que o cientista cria o fato científico? Antes de tudo, ele não o cria *ex nihilo*, já que o faz com o fato bruto. Por conseguinte, não o faz livremente, e *como quer*. Por mais hábil que seja o trabalhador, sua liberdade é sempre limitada pelas propriedades da matéria-prima sobre a qual opera.

Afinal de contas, o que querem dizer quando falam dessa criação livre do fato científico, e quando tomam como exemplo o astrônomo

---

* Publicação equivalente à nossa *Efemérides astronômicas*, que contém informações anuais sobre eventos astronômicos. (N. da T.)

que intervém ativamente no fenômeno do eclipse, trazendo seu relógio? Querem dizer "O eclipse ocorreu às nove horas?". Mas se o astrônomo tivesse desejado que ele ocorresse às dez horas, só dependia dele, só precisava adiantar seu relógio em uma hora.

Mas ao fazer essa brincadeira de mau gosto, o astrônomo evidentemente teria sido culpado de um equívoco. Quando ele me diz que o eclipse ocorreu às nove horas, entendo que nove horas é a hora deduzida da indicação bruta do relógio, pela série de correções usuais. Se ele me deu apenas essa indicação bruta, ou se fez correções contrárias às regras habituais, mudou a linguagem convencionada sem me prevenir. Se, ao contrário, teve o cuidado de me prevenir, não posso me queixar, mas então é sempre o mesmo fato, expresso em outra linguagem.

Em suma, *tudo o que o cientista cria num fato é a linguagem na qual ele o enuncia*. Se prediz um fato, empregará essa linguagem, e para todos aqueles que souberem falá-la e entendê-la, sua predição está isenta de ambiguidade. Além disso, uma vez lançada essa predição, evidentemente não depende mais dele que ela se realize ou não.

O que resta então da tese do sr. Le Roy? Resta o seguinte: o cientista intervém ativamente, escolhendo os fatos que merecem ser observados. Um fato isolado não tem, por si mesmo, nenhum interesse; torna-se interessante se tivermos motivos para pensar que ele poderá ajudar a predizer outros; ou então, se, tendo sido predito, sua verificação for a confirmação de uma lei. Quem escolherá os fatos que, respondendo a essas condições, merecem impor-se na ciência? É a livre atividade do cientista.

E não é só isso. Eu disse que o fato científico é a tradução de um fato bruto para uma certa linguagem; deveria ter acrescentado que todo fato científico é formado de vários fatos brutos. Os exemplos citados acima o ilustram bastante bem. Por exemplo, no que se refere à hora do eclipse, meu relógio marcava a hora α no instante do eclipse; marcava a hora β no momento da última passagem no meridiano de uma certa estrela que tomaremos como origem das ascensões retas; marcava a hora γ no momento da penúltima passagem dessa mesma estrela. Aí estão três fatos distintos (contudo, observarão que cada um deles resulta, ele mesmo, de dois fatos brutos simultâneos; mas deixemos de lado essa observação). Em vez disso, eu digo "O eclipse ocorreu na hora $24(\alpha - \beta)/(\beta - \gamma)$", e os três fatos concentram-se em um fato científico único. Julguei que as três leituras α, β, γ feitas no meu relógio em três momentos diferentes eram desprovidas de interesse, e que a única coisa interessante era a combinação $(\alpha - \beta)/(\beta - \gamma)$ dessas três leituras. Neste julgamento reencontra-se a livre atividade de meu espírito.

Mas esgotei assim meu poder; não posso fazer com que a combinação $(\alpha - \beta)/(\beta - \gamma)$ tenha determinado valor e não outro, já que não posso influir nem sobre o valor de α, nem sobre o de β, nem sobre o de γ, que me são impostos como fatos brutos.

Em suma, os fatos são fatos, e *se acontece serem conformes a uma predição, não é por um efeito de nossa livre atividade*. Não há fronteira precisa entre o fato bruto e o fato científico; pode-se dizer apenas que determinado enunciado de um fato é *mais bruto* ou, ao contrário, *mais científico* do que outro.

4. O "nominalismo" e o "invariante universal"

Se dos fatos passamos às leis, é claro que o papel da livre atividade do cientista se tornará muito maior. Mas o sr. Le Roy não o torna ainda demasiado grande? É o que iremos examinar.

Antes de mais nada, relembremos os exemplos que ele deu. Quando digo que o fósforo se funde a 44°, creio enunciar uma lei; na realidade, é a própria definição do fósforo; se viéssemos a descobrir um corpo que, por outro lado, gozando de todas a propriedades do fósforo, não se fundisse a 44°, iríamos dar-lhe outro nome — só isso —, e a lei permaneceria verdadeira.

Do mesmo modo, quando digo que os corpos pesados em queda livre percorrem espaços proporcionais aos quadrados dos tempos, estou apenas dando a definição de queda livre. Toda vez que a condição não for satisfeita, direi que a queda não é livre, de modo que a lei jamais poderá falhar.

É claro que, se todas as leis se reduzissem a isso, elas não poderiam servir para predizer; portanto, não poderiam servir para nada — nem como meio de conhecimento, nem como princípio de ação.

Quando digo que o fósforo se funde a 44°, quero dizer com isso que todo corpo que goza de tais e tais propriedades (isto é, todas as propriedades do fósforo, salvo o ponto de fusão) funde-se a 44°. Assim entendida, minha proposição é bem uma lei, e essa lei poderá ser-me útil, pois se encontro um corpo que goze dessas propriedades, poderei predizer que ele se fundirá a 44°.

Sem dúvida, poderemos descobrir que a lei é falsa. Leremos então nos tratados de química: "Existem dois corpos que os químicos por muito tempo confundiram sob o nome de fósforo; esses dois corpos só diferem em seu ponto de fusão." Evidentemente, não seria a primeira vez que os químicos conseguiriam separar dois corpos que inicialmente não tinham sabido distinguir; é o caso, por exemplo, do neodímio e do praseodímio, por muito tempo conhecidos com o nome de didímio.

Não creio que os químicos temam muito que semelhante desventura aconteça algum dia ao fósforo. E se, supondo o impossível, isso acontecesse, os dois corpos provavelmente não teriam *identicamente* a mesma densidade, *identicamente* o mesmo calor específico etc., de modo que, após ter determinado com cuidado a densidade, por exemplo, ainda poderemos prever o ponto de fusão.

Aliás, pouco importa; basta observar que há uma lei, e que essa lei, verdadeira ou falsa, não se reduz a uma tautologia.

Dir-se-á que se não conhecemos na Terra um corpo que não se funda a 44°, mesmo tendo as outras propriedades do fósforo, não podemos saber se não existe outro assim em outros planetas? Sem dúvida isso pode ser afirmado, e se concluiria então que a lei em questão, que pode servir de regra de ação para nós, que habitamos a Terra, não tem contudo qualquer valor geral do ponto de vista do conhecimento, e não deve seu interesse senão ao acaso que nos colocou neste globo. Isso é possível, mas se assim fosse, a lei não teria valor, não porque se reduziria a uma convenção, mas porque seria falsa.

O mesmo ocorre no que diz respeito à queda dos corpos. De nada me serviria ter dado o nome de queda livre às quedas que se realizam em conformidade com a lei de Galileu se não soubesse, por outro lado, que, em tais circunstâncias, a queda será *provavelmente* livre, ou *mais ou menos* livre. Isto, então, é uma lei que pode ser verdadeira ou falsa, mas que não se reduz mais a uma convenção.

Suponho que os astrônomos acabam de descobrir que os astros não obedecem exatamente à lei de Newton. Poderão escolher entre duas atitudes; poderão dizer que a gravitação não varia exatamente com o inverso do quadrado das distâncias, ou então poderão dizer que a gravitação não é a única força que age sobre os astros, e que a ela vem acrescentar-se uma força de natureza diferente.

No segundo caso, será considerada a lei de Newton como a definição da gravitação. Esta será a atitude nominalista. A escolha entre as duas atitudes permanece livre, e se faz por considerações de comodidade, embora essas considerações quase sempre sejam tão poderosas, que resta praticamente pouca coisa dessa liberdade.

Podemos decompor a proposição (1) "Os astros seguem a lei de Newton" em duas outras: (2) "A gravitação segue a lei de Newton", (3) "A gravitação é a única força que age sobre os astros". Nesse caso, a proposição (2) não é mais que uma definição e escapa ao controle da experiência; mas então será sobre a proposição (3) que esse controle poderá exercer-se. Isso é realmente necessário, já que a proposição resultante (1) prediz fatos brutos verificáveis.

É graças a esses artifícios que, por um nominalismo inconsciente, os cientistas elevaram acima das leis o que chamam de princípios. Quando uma lei recebeu uma confirmação suficiente da experiência, podemos adotar duas atitudes: ou deixar essa lei em meio à contenda (e nesse caso ela continuará submetida a uma incessante revisão que, sem dúvida alguma, acabará por demonstrar que é apenas aproximativa), ou então podemos erigi-la em *princípio*, adotando convenções tais, que a proposição seja certamente verdadeira. Para isso, procedemos sempre da mesma maneira. A lei primitiva enunciava uma relação entre dois fatos brutos A e B; introduzimos entre esses dois fatos brutos um intermediário abstrato C, mais ou menos fictício (tal como era no exemplo precedente a entidade impalpável da gravitação). Então, temos uma relação entre A e C, que podemos supor rigorosa, e que é o *princípio*; e uma outra, entre C e B, que permanece uma *lei* passível de revisão.

O princípio, doravante cristalizado, por assim dizer, não está mais submetido ao controle da experiência. Não é verdadeiro ou falso, é cômodo.

Encontraram-se muitas vezes grandes vantagens em proceder desse modo, mas é claro que se *todas* as leis tivessem sido transformadas em princípios, *nada* teria restado da ciência. Toda lei pode se decompor em um princípio e uma lei, mas desse modo é bem claro que, por mais longe que se leve essa decomposição, sempre permanecerão leis.

Portanto, o nominalismo tem limites, e é isso que se poderia ignorar, se fossem tomadas ao pé da letra as asserções do sr. Le Roy.

Um rápido exame das ciências nos fará compreender melhor quais são esses limites. A atitude nominalista só é justificada quando é cômoda; quando é que isso acontece?

A experiência nos revela relações entre os corpos; isso é o fato bruto; essas relações são extremamente complicadas. Em vez de considerar diretamente a relação do corpo A e do corpo B, introduzimos entre eles um intermediário que é o espaço, e consideramos três relações distintas: a do corpo A com a figura A' do espaço, a do corpo B com a figura B' do espaço, a das duas figuras A' e B' entre elas. Por que esse desvio é vantajoso? Porque a relação entre A e B era complicada, mas diferia pouco da de A' e B', que é simples: de modo que essa relação complicada pode ser substituída pela relação simples entre A' e B', e por duas outras relações que nos revelam que as diferenças entre A e A', por um lado, e entre B e B', por outro, são *muito pequenas*. Por exemplo, se A e B são dois corpos sólidos naturais que se deslocam deformando-se ligeiramente, consideraremos duas figuras *invariáveis* móveis A' e B'. As leis dos deslocamentos relativos dessas figuras A' e B' serão muito simples; serão as da geometria. E acrescentaremos em seguida que o corpo A, que difere sempre muito pouco de A', dilata-se pelo efeito do calor, e se curva pelo efeito da elasticidade. Essas dilatações e essas flexões, justamente porque são muito pequenas, serão, para nossa mente, relativamente fáceis de estudar. Pode-se imaginar a que complicações de linguagem teria sido preciso resignar-se, se tivéssemos desejado compreender no mesmo enunciado o deslocamento do sólido, sua dilatação e sua flexão?

A relação entre A e B era uma lei bruta, e se decompôs; temos agora duas leis que exprimem as relações de A e A', de B e B', e um princípio que exprime a de A' com B'. É ao conjunto desses princípios que chamamos geometria.

Mais duas observações. Temos uma relação entre dois corpos A e B, que substituímos por uma relação entre duas figuras A' e B'; mas essa mesma relação entre as duas mesmas figuras A' e B' poderia do mesmo modo ter substituído vantajosamente uma relação entre dois outros corpos A" e B", inteiramente diferentes de A e B. E isso de muitas maneiras. Se não tivessem inventado os princípios e a geometria, após ter estudado a relação de A e B, seria preciso recomeçar *ab ovo** o estudo da relação de A" e B". É por isso que a geometria é tão preciosa. Uma relação geométrica pode substituir vantajosamente uma relação que, considerada no estado bruto, deveria ser vista como mecânica; pode substituir outra que deveria ser vista como óptica etc.

Então não venham dizer: mas isso é a prova de que a geometria é uma ciência experimental; ao separar seus princípios e as leis de onde estes foram extraídos, separam artificialmente a própria geometria e as ciências que a originaram. As outras ciências têm igualmente princípios, e isso não impede que se deva chamá-las de experimentais.

É preciso reconhecer que teria sido difícil não fazer essa separação que dizem ser artificial. Conhecemos o papel desempenhado pela cinemática dos corpos sólidos na gênese da geometria; deveríamos dizer, então, que a geometria é apenas um ramo da cinemática experimental? Mas as leis da propagação retilínea da luz contribuíram também para a formação de seus princípios. Deverá a geometria ser considerada ao mesmo tempo como um ramo da cinemática e um ramo da óptica? Relembro, além disso, que nosso espaço euclidiano, que é o objeto próprio da geometria, foi escolhido, por razões de comodidade, entre um certo número de modelos que preexistem em nossa mente, e que chamamos de grupos.

---

* Desde o princípio. (N. da T.)

Se passamos à mecânica, vemos ainda grandes princípios cuja origem é análoga e, como seu "raio de ação", por assim dizer, é menor, não temos mais motivo para separá-los da Mecânica propriamente dita, considerando essa ciência como dedutiva.

Na física, enfim, o papel dos princípios é ainda mais reduzido. E, de fato, só os introduzimos quando vemos neles uma vantagem. Ora, só são vantajosos justamente porque são pouco numerosos, porque cada um deles substitui mais ou menos um grande número de leis. Portanto, não temos interesse em multiplicá-los. Além disso, é necessário chegar a um fim, e para isso é preciso acabar por abandonar a abstração, para tomar contato com a realidade.

Esses são os limites do nominalismo, e são estreitos.

Contudo, o sr. Le Roy insistiu, e apresentou a questão sob uma outra forma.

Já que o enunciado de nossas leis pode variar com as convenções que adotamos, e que essas convenções podem modificar até mesmo as relações naturais dessas leis, há no conjunto dessas leis alguma coisa que seja independente dessas convenções, e que possa, por assim dizer, desempenhar o papel de *invariante universal*? Introduziu-se, por exemplo, a ficção de seres que, tendo sido educados num mundo diferente do nosso, teriam sido levados a criar uma geometria não euclidiana. Se esses seres fossem depois bruscamente transportados para o nosso mundo, observariam as mesmas leis que nós, mas iriam enunciá-las de um modo inteiramente diferente. Na verdade, haveria ainda alguma coisa de comum entre os dois enunciados, mas é porque esses seres ainda não diferem de nós o bastante. Podemos imaginar seres ainda mais estranhos, e a parte comum entre os dois sistemas de enunciados encolherá cada vez mais. Irá ela encolher assim, tendendo para zero, ou restará um resíduo irredutível, que seria então o invariante universal procurado?

A questão demanda maior esclarecimento. Deseja-se que essa parte comum dos enunciados seja exprimível por palavras? É claro, então, que não há palavras comuns a todas as línguas, e não podemos ter a pretensão de construir não sei que invariante universal que fosse compreendido ao mesmo tempo por nós e pelos geômetras fictícios não euclidianos dos quais acabo de falar; assim também como não podemos construir uma frase que seja compreendida ao mesmo tempo pelos alemães que não sabem francês e pelos franceses que não sabem alemão. Mas temos regras fixas que nos permitem traduzir os enunciados franceses para o alemão, e vice-versa. É por isso que se fazem gramáticas e dicionários. Há também regras fixas para traduzir a linguagem euclidiana para a linguagem não euclidiana, ou, se não há, poderiam ser elaboradas.

E mesmo que não houvesse intérprete nem dicionário, se os alemães e os franceses, depois de viverem durante séculos em mundos separados, entrassem de repente em contato, acham que não haveria nada em comum entre a ciência dos livros alemães e a dos livros franceses? Os franceses e os alemães certamente acabariam por se entender, assim como os índios da América acabaram por compreender a língua de seus conquistadores, após a chegada dos espanhóis.

Porém — dirão — sem dúvida os franceses seriam capazes de compreender os alemães, mesmo sem ter aprendido o alemão, mas é porque entre os franceses e os alemães permanece alguma coisa de comum, já que uns e outros são homens. Conseguiríamos também nos entender com nossos não euclidianos hipotéticos, embora eles não fossem mais homens, porque conservariam ainda alguma coisa de humano. Mas, em todo caso, o mínimo de humanidade é necessário.

É possível, mas observarei de início que esse pouco de humanidade que restaria entre os não euclidianos bastaria não só para que se pudesse traduzir *um pouco* de sua linguagem, mas também para que se pudesse traduzir *toda* a sua linguagem.

Então, aceito que seja necessário o mínimo; suponho que existe não sei que fluido que penetra entre as moléculas de nossa matéria sem ter qualquer ação sobre ela, e sem sofrer qualquer ação que dela venha. Suponho que haja seres sensíveis à influência desse fluido e insensíveis à da nossa matéria. É claro que a ciência desses seres diferiria inteiramente da nossa, e que seria supérfluo procurar um "invariante" comum a essas duas ciências. Ou ainda, que esses seres rejeitassem nossa lógica e não admitissem, por exemplo, o princípio de contradição.

Mas creio, realmente, que não há interesse em examinar semelhantes hipóteses.

E então, se não levamos tão longe a extravagância, se só introduzimos seres fictícios com sentidos análogos aos nossos e sensíveis às mesmas impressões, e que, por outro lado, admitem os princípios de nossa lógica, poderemos concluir então que sua linguagem, por mais diferente que possa ser da nossa, será sempre suscetível de ser traduzida.

Ora, a possibilidade da tradução implica a existência de um invariante. Traduzir é precisamente destacar esse invariante. Assim, decifrar um documento criptográfico é procurar o que, nesse documento, permanece invariante quando se permutam as letras.

É fácil então perceber qual é a natureza desse invariante, e uma palavra nos bastará. As leis invariantes são as relações entre os fatos brutos, enquanto as relações entre os "fatos científicos" permanecem sempre dependentes de certas convenções.

CAPÍTULO XI
A ciência e a realidade

5. Contingência e determinismo

Não tenho a intenção de abordar aqui a questão da contingênóa das leis da natureza, que evidentemente é insolúvel, e sobre a qual tanta coisa já se escreveu.

Gostaria apenas de observar quantos sentidos diferentes já foram dados à palavra "contingência", e como seria útil distingui-los.

Se consideramos uma lei particular qualquer, de antemão podemos estar certos de que ela só pode ser aproximativa. De fato, é deduzida de verificações experimentais, e essas verificações só eram e só poderiam ser aproximadas. Devemos sempre esperar que medidas mais precisas nos obriguem a acrescentar novos termos a nossas fórmulas; foi o que aconteceu, por exemplo, com a lei de Mariotte.

Além disso, o enunciado de uma lei qualquer é forçosamente incompleto. Esse enunciado deveria compreender a enumeração de todos os antecedentes em virtude dos quais determinado consequente poderá acontecer. Antes de mais nada, eu deveria descrever todas as condições da experiência a fazer, e então a lei seria enunciada assim: se todas as condições forem satisfeitas, tal fenômeno ocorrerá.

Mas só estaremos certos de não ter esquecido nenhuma dessas condições quando tivermos descrito o estado do Universo inteiro no instante t; todas as partes desse Universo podem efetivamente exercer uma influência mais ou menos grande sobre o fenômeno que deve ocorrer no instante $t + dt$.

Ora, é claro que uma tal descrição não poderia encontrar-se no enunciado da lei; além disso, se ela fosse feita, a lei se tornaria inaplicável; se exigíssemos ao mesmo tempo tantas condições, haveria bem pouca chance de que fossem todas satisfeitas em algum momento.

Então, como jamais estaremos certos de não ter esquecido alguma condição essencial, não poderemos dizer que se tais condições forem satisfeitas, tal fenômeno ocorrerá; poderemos dizer apenas que se tais e tais condições forem satisfeitas, é provável que tal fenômeno ocorra de modo aproximado.

Tomemos a lei da gravitação, que é a menos imperfeita de todas as leis conhecidas. Ela nos permite prever os movimentos dos planetas. Quando a utilizo, por exemplo, para calcular a órbita de Saturno, negligencio a ação das estrelas e, agindo assim, estou certo de não me enganar, pois sei que essas estrelas estão distantes demais para que sua ação seja sensível.

Anuncio então, com uma quase certeza, que as coordenadas de Saturno em tal hora estarão compreendidas entre tais e tais limites. Contudo, essa certeza é absoluta?

Não poderia existir no Universo alguma massa gigantesca, muito maior do que a de todos os astros conhecidos, e cuja ação se poderia fazer sentir a grandes distâncias? Essa massa seria animada por uma velocidade colossal e, depois de ter circulado em todos os tempos a distâncias tais que sua influência permanecesse até aqui insensível para nós, de repente viria passar perto de nós. Com toda a certeza produziria em nosso sistema solar enormes perturbações, que não poderíamos ter previsto. Tudo o que podemos dizer é que uma tal eventualidade é inteiramente inverossímil, e então, em vez de dizer que Saturno estará perto de tal ponto do céu, deveremos limitar-nos a dizer que Saturno estará provavelmente perto de tal ponto do céu. Embora essa probabilidade seja praticamente equivalente à certeza, não é mais que uma probabilidade.

Por todas essas razões, toda lei particular será sempre apenas aproximada e provável. Os cientistas jamais ignoraram essa verdade; só que creem, com ou sem razão, que toda lei poderá ser substituída por uma outra, mais aproximada e mais provável, e que essa nova lei, também ela, será apenas provisória, mas que o mesmo movimento poderá continuar indefinidamente, de modo que a ciência, ao progredir, possuirá leis cada vez mais prováveis, e que a aproximação acabará por diferir tão pouco quanto quisermos da exatidão, e a probabilidade, da certeza.

Se tivessem razão os cientistas que assim pensam, deveríamos dizer ainda que as leis da natureza são contingentes, embora cada lei, tomada em particular, possa ser qualificada como contingente? Ou deveríamos exigir, antes de concluir pela contingência das leis naturais, que esse progresso tenha um fim, que o cientista acabe um dia por ser sustado, em sua busca de uma aproximação cada vez maior, e que, além de um certo limite, não mais encontre na natureza senão o capricho?

Na concepção que acabo de mencionar (e que chamarei de concepção científica), toda lei é apenas um enunciado imperfeito e provisório, mas deve ser substituída um dia por uma outra lei superior, da qual é apenas uma imagem grosseira. Portanto, não resta lugar para a intervenção de uma vontade livre.

Parece-me que a teoria cinética dos gases vai nos fornecer um exemplo impressionante.

Sabe-se que, nessa teoria, explicam-se todas as propriedades dos gases por uma hipótese simples; supõe-se que todas as moléculas gasosas se movem em todos os sentidos com grandes velocidades, e que seguem trajetórias retilíneas, que só são perturbadas quando uma molécula passa muito perto das paredes do recipiente, ou de uma outra molécula. Os efeitos que nossos sentidos rudes nos permitem observar são os efeitos *médios*, e nessas médias os grandes desvios se compensam, ou ao menos é muito improvável que não se compensem; de modo que os fenômenos observáveis seguem leis simples, tais como a de Mariotte ou de Gay-Lussac. Mas essa compensação dos desvios é apenas provável. As moléculas mudam incessantemente de lugar, e nesses deslocamentos contínuos formam figuras que passam sucessivamente por todas as combinações possíveis. Só que essas combinações são muito numerosas; quase todas são conformes à lei de Mariotte, e só algumas se desviam dela. Também estas se realizarão, só que seria preciso esperá-las por muito tempo; se observássemos um gás por um tempo bastante longo, certamente acabaríamos por vê-lo desviar-se, durante um tempo muito curto, da lei de Mariotte. Quanto tempo seria preciso esperar? Se desejássemos calcular o número provável de anos, veríamos que esse número é tão grande que, para escrever apenas o número de seus algarismos, seriam precisos mais uma dezena de algarismos. Pouco importa, basta-nos que ele seja finito.

Não quero discutir aqui o valor dessa teoria. É claro que, se a adotarmos, a lei de Mariotte só nos aparecerá como contingente, já que chegará um dia em que não será mais verdadeira. E contudo, acham que os partidários da teoria cinética são adversários do determinismo? Longe disso; são os mais intransigentes mecanicistas. Suas moléculas seguem trajetórias rígidas, das quais só se desviam sob a influência de forças que variam com a distância, segundo uma lei perfeitamente determinada. Não resta em seu sistema o menor lugar nem para a liberdade, nem para um fator evolutivo propriamente dito, nem para o que quer que se possa chamar de contingência. Acrescento, para evitar uma confusão, que também aí não há uma evolução da própria lei de Mariotte; ela deixa de ser verdadeira depois de não sei quantos séculos; mas ao cabo de uma fração de segundo torna-se de novo verdadeira, e isso por um número incalculável de séculos.

E já que pronunciei a palavra "evolução", desfaçamos mais um mal-entendido. Dizemos com frequência "Quem sabe se as leis não evoluem, e se não descobrirmos um dia que, no período carbonífero, não eram o que são hoje?". O que devemos entender com isso? Deduzimos o que cremos saber do estado passado de nosso globo do seu estado presente. E essa dedução se faz por meio das leis supostamente conhecidas. Sendo a lei uma relação entre o antecedente e o consequente, permite-nos, com a mesma facilidade, deduzir o consequente do antecedente, isto é, prever o futuro, e deduzir o antecedente do consequente, isto é, deduzir o passado do presente. Pela lei de Newton, o astrônomo que conhece a situação atual dos astros pode deduzir, a partir desta, sua situação futura, e é o que faz quando constrói efemérides; e pode igualmente deduzir, da situação atual, sua situação passada. Os cálculos que assim poderá fazer não poderão informá-lo de que a lei de Newton deixará de ser verdadeira no futuro, já que essa lei é precisamente seu ponto de partida; também não poderão informá-lo de que ela não era verdadeira no passado. Ainda no que concerne ao futuro, suas efemérides poderão ser um dia verificadas, e nossos descendentes talvez reconheçam que elas eram falsas. Mas no que concerne ao passado, o passado geológico que não teve testemunhas, os resultados de seu cálculo, como aqueles de todas as especulações em que procuramos deduzir o passado do presente, escapam, por sua própria natureza, a todo tipo de controle. De modo que se as leis da natureza não fossem as mesmas na idade carbonífera e na época atual, jamais poderíamos sabê-lo, já que só podemos saber dessa idade aquilo que deduzimos da hipótese da permanência dessas leis.

Dirão talvez que essa hipótese poderia levar a resultados contraditórios, e que seremos obrigados a abandoná-la. Assim, no que concerne à origem da vida, podemos concluir que sempre houve seres vivos, já que o mundo atual nos mostra sempre a vida brotando da vida; e podemos concluir também que nem sempre houve vida, já que a aplicação das leis atuais da física no estado presente de nosso globo nos informa de que houve um tempo em que esse globo era tão quente, que a vida nele era impossível. Mas as contradições desse tipo sempre podem ser eliminadas de duas maneiras: podemos supor que as leis atuais da natureza não são exatamente aquelas que admitimos; ou então, supor que as leis da natureza são atualmente aquelas que admitimos, mas que nem sempre foi assim.

É claro que as leis atuais jamais serão suficientemente bem conhecidas para que não se possa adotar a primeira dessas duas soluções, e para que sejamos forçados a concluir pela evolução das leis naturais.

Por outro lado, suponhamos uma tal evolução: admitamos, se quiserem, que a humanidade dure o bastante para que essa evolução possa ter testemunhas. O *mesmo* antecedente produzirá, por exemplo, consequentes diferentes no período carbonífero e no período quaternário. Evidentemente, isso quer dizer que os antecedentes são mais ou menos iguais; se todas as circunstâncias fossem idênticas, o período carbonífero se tornaria indiscernível do período quaternário. Evidentemente não é isso que se supõe. O que permanece é que tal antecedente, acompanhado de tal circunstância acessória, produz tal consequente; e que o mesmo antecedente, acompanhado de outra circunstância acessória, produz outro consequente. O tempo não tem influência na questão.

A lei, tal como a teria enunciado a ciência mal informada, e que tivesse afirmado que determinado antecedente produz sempre determinado consequente, sem levar em consideração as circunstâncias acessórias, essa lei — digo —, que era apenas aproximada e provável, deve ser substituída por uma outra lei, mais aproximada e mais provável, que faz intervirem essas circunstâncias acessórias. Portanto, recaímos sempre no mesmo processo que analisamos acima, e se a humanidade viesse a descobrir alguma coisa desse tipo, não diria que foram as leis que evoluíram, mas sim as circunstâncias que se modificaram.

Aí estão, portanto, muitos sentidos diferentes da palavra "contingência". O sr. Le Roy conserva todos eles e não os distingue suficientemente, mas introduz um novo. As leis experimentais são apenas aproximadas, e se algumas nos aparecem como exatas, é porque nós as transformamos artificialmente naquilo que anteriormente chamei de princípio. Fizemos essa transformação livremente, e como o capricho que nos levou a fazê-la é algo de eminentemente contingente, comunicamos essa contingência à própria lei. É neste sentido que temos o direito de dizer que o determinismo supõe a liberdade, já que é livremente que nos tornamos deterministas. Talvez julguem que isso significa conceder um papel bem amplo ao nominalismo, e que a introdução desse novo sentido da palavra "contingência" não ajudará muito a resolver todas essas questões que se apresentam naturalmente, e sobre as quais acabamos de dizer algumas palavras.

De modo algum desejo aqui pesquisar os fundamentos do princípio de indução; sei muitíssimo bem que não o conseguirei; é tão difícil justificar esse princípio quanto dispensá-lo. Desejo apenas mostrar como os cientistas o aplicam e são forçados a aplicá-lo.

Quando o mesmo antecedente se reproduz, o mesmo consequente também deve reproduzir-se; este é o enunciado corrente. Mas, reduzido a esses termos, esse princípio não poderia servir para nada. Para que pudéssemos dizer que o mesmo antecedente se reproduziu, seria preciso que as circunstâncias *todas* se tivessem reproduzido, já que nenhuma é absolutamente indiferente, e que se tivessem reproduzido *exatamente*. E como isso jamais acontecerá, o princípio não poderá ter nenhuma aplicação.

Devemos, portanto, modificar o enunciado e dizer que se um antecedente A produziu uma vez um consequente B, um antecedente A' pouco diferente de A produzirá um consequente B' pouco diferente de B. Mas como perceberemos que os antecedentes de A e A' são "pouco diferentes"? Se alguma das circunstâncias pode exprimir-se por um número, e se esse número tiver, nos dois casos, valores muito próximos, o sentido da expressão "pouco diferente" é relativamente claro; o princípio significa então que o consequente é uma função contínua do antecedente. E como regra prática, chegamos à conclusão de que temos o direito de interpolar. De fato, isso é o que os cientistas fazem todos os dias, e sem a interpolação qualquer ciência seria impossível.

Contudo, observemos uma coisa. A lei procurada pode ser representada por uma curva. A experiência nos revelou certos pontos dessa curva. Em virtude do princípio que acabamos de enunciar, cremos que esses pontos podem ser ligados por um traço contínuo. Traçamos esse traço a olho. Novas experiências nos fornecerão novos pontos da curva. Se esses pontos estão fora do traço traçado de antemão, teremos que modificar nossa curva, mas não abandonar nosso princípio. Por pontos quaisquer, por mais numerosos que sejam, podemos sempre fazer passar uma curva contínua. Sem dúvida, se essa curva é demasiado caprichosa, ficaremos chocados (e até suspeitaremos de erros de experiência), mas o princípio não será diretamente posto em xeque.

Além disso, entre as circunstâncias de um fenômeno, há algumas que julgamos poder negligenciar, e consideraremos A e A' como pouco diferentes se só diferem por circunstâncias acessórias. Por exemplo, constatei que o hidrogênio se unia ao oxigênio sob a influência da centelha, e estou certo de que esses dois gases se unirão de novo, embora a longitude de Júpiter tenha mudado consideravelmente no intervalo. Admitimos, por exemplo, que o estado dos corpos distantes não pode ter influência sensível sobre os fenômenos terrestres, e isso, efetivamente, parece impor-se, mas há casos em que a escolha dessas circunstâncias praticamente indiferentes comporta mais arbitrariedade ou, se quiserem, exige mais perspicácia.

Mais uma observação: o princípio de indução seria inaplicável se não existisse na natureza uma grande quantidade de corpos semelhantes entre si, ou mais ou menos semelhantes, e se não pudéssemos inferir, por exemplo, de um fragmento de fósforo para outro fragmento de fósforo.

Se refletirmos sobre essas considerações, o problema do determinismo e da contingência nos aparecerá sob um novo enfoque. Suponhamos que podemos abarcar a série de todos os fenômenos do Universo em toda a sequência dos tempos. Poderíamos considerar o que se poderia chamar de *sequências*, isto é, as relações entre antecedente e consequente. Não quero falar de relações constantes ou leis, considero separadamente (individualmente, por assim dizer) as diversas sequências realizadas.

Perceberíamos então que, entre essas sequências, não há duas que sejam inteiramente iguais. Mas se o princípio de indução, tal como acabamos de enunciá-lo, é verdadeiro, haverá algumas que serão mais ou menos iguais, e que poderemos classificar lado a lado. Em outros termos, é possível fazer uma classificação das sequências.

Afinal de contas, o determinismo se reduz à possibilidade e à legitimidade de uma tal classificação. Isso é tudo o que a análise precedente deixa subsistir dele. Talvez sob essa forma modesta pareça menos assustador ao moralista.

Sem dúvida, dirão que isso seria retornar, por um desvio, à conclusão do sr. Le Roy, que anteriormente parecíamos rejeitar: é livremente que se é determinista. E, de fato, toda classificação supõe a intervenção ativa do classificador. Concordo em que isso possa ser sustentado, mas me parece que esse desvio não terá sido inútil e terá contribuído para nos esclarecer um pouco.

6. Objetividade da ciência

Chego à questão levantada pelo título deste artigo: qual é o valor objetivo da ciência? E, antes de tudo, o que devemos entender por objetividade?

O que nos garante a objetividade do mundo no qual vivemos é que esse mundo é comum a nós e a outros seres pensantes. Mediante as comunicações que estabelecemos com os outros homens, recebemos deles raciocínios prontos; sabemos que esses raciocínios não vêm de nós e, ao mesmo tempo, reconhecemos neles a obra de seres racionais como nós. E como esses raciocínios parecem aplicar-se ao mundo de nossas sensações, cremos poder concluir que esses seres racionais viram a mesma coisa que nós; é assim que sabemos que não estávamos sonhando.

Esta é, portanto, a primeira condição da objetividade: o que é objetivo deve ser comum a vários espíritos, e por conseguinte poder ser transmitido de um a outro; e como essa transmissão só se pode fazer mediante o "discurso", que inspira tanta desconfiança ao sr. Le Roy, somos mesmo forçados a concluir: sem discurso, não há objetividade.

As sensações de outrem serão para nós um mundo eternamente fechado. A sensação a que chamo vermelho será a mesma que aquela que meu vizinho chama de vermelho? Não temos nenhum meio de verificá-lo.

Suponhamos que uma cereja e uma papoula produzam em mim a sensação A, e nele, a sensação B, e que, ao contrário, uma folha produza em mim a sensação B, e nele, a sensação A. É claro que nunca saberemos nada sobre isso, já que eu chamarei de vermelho a sensação A e de verde a sensação B, enquanto ele chamará a primeira de verde e a segunda de vermelho. Em compensação, o que poderemos constatar é que, tanto para ele quanto para mim, a cereja e a papoula produzem a mesma sensação, já que ele dá o mesmo nome às sensações que experimenta, e eu faço o mesmo.

Portanto as sensações são intransmissíveis, ou antes, tudo o que nelas é qualidade pura é intransmissível, e para sempre impenetrável. Mas não ocorre o mesmo com as relações entre essas sensações.

A partir desse ponto de vista, tudo o que é objetivo é desprovido de qualquer qualidade, e é apenas relação pura. É verdade que não chegarei ao ponto de dizer que a objetividade é apenas quantidade pura (seria particularizar demais a natureza das relações em questão), mas compreende-se que alguém (não sei mais quem) tenha sido levado a dizer que o mundo não é mais que uma equação diferencial.

Com a devida reserva quanto a essa proposição paradoxal, devemos contudo admitir que tudo o que é objetivo é transmissível, e por conseguinte que só as relações entre as sensações podem ter um valor objetivo.

Dirão, talvez, que a emoção estética, comum a todos os homens, é a prova de que as qualidades de nossas sensações são também as mesmas para todos os homens e, por conseguinte, objetivas. Mas se refletirmos sobre isso, veremos que a prova não satisfaz plenamente. O que é provado é que essa emoção é provocada tanto em Jean quanto em Pierre pelas sensações às quais Jean e Pierre dão o mesmo nome, ou pelas combinações correspondentes dessas sensações; seja porque essa emoção, em Jean, é associada à sensação A, que Jean chama de vermelho, enquanto paralelamente, em Pierre, ela é associada à sensação B, que Pierre chama de vermelho; ou melhor, seja porque essa emoção é provocada não pelas próprias qualidades das sensações, mas pela harmoniosa combinação de suas relações, das quais sofremos a impressão inconsciente.

Uma sensação é bela não porque possui determinada qualidade, mas porque ocupa determinado lugar na trama de nossas associações de ideias, de modo que não se pode incitá-la sem pôr em movimento o "receptor" que está do outro lado do fio, e que corresponde à emoção artística.

Quer nos coloquemos no ponto de vista moral, estético ou científico, é sempre a mesma coisa. Só é objetivo aquilo que é idêntico para todos; ora, só podemos falar de uma tal identidade se for possível uma comparação que possa ser traduzida em uma "moeda comum", de modo a ser transmitida de um espírito a outro. Portanto, só terá valor objetivo aquilo que for transmissível pelo "discurso", ou seja, inteligível.

Mas esse é apenas um lado da questão. Um conjunto absolutamente desordenado não poderia ter valor objetivo, já que seria ininteligível, mas um conjunto bem ordenado também pode não ter nenhum valor, se não corresponder a sensações efetivamente experimentadas. Parece-me supérfluo relembrar essa condição, e não teria pensado nela se ultimamente não se tivesse afirmado que a física não é uma ciência experimental. Embora essa opinião não tenha qualquer possibilidade de ser adotada nem pelos físicos nem pelos filósofos, é bom estarmos advertidos, a fim de não escorregarmos no declive que a ela levaria. Temos, pois, duas condições a satisfazer, e se a primeira separa a realidade* e o sonho, a segunda a distingue do romance.

Então, o que é a ciência? Eu o expliquei no § precedente: é, antes de tudo, uma classificação, um modo de aproximar fatos que as aparências separavam, embora estivessem ligados por algum parentesco natural e oculto. A ciência, em outros termos, é um sistema de relações. Ora, como acabamos de dizer, é apenas nas relações que a objetividade deve ser buscada; seria inútil procurá-la nos seres considerados como isolados uns dos outros.

Dizer que a ciência não pode ter valor objetivo porque só nos faz conhecer relações é raciocinar às avessas, já que, precisamente, só as relações podem ser consideradas como objetivas.

Por exemplo, os objetos exteriores, para os quais foi inventada a palavra *objeto*, são justamente *objetos*, e não aparências fugidias e inapreensíveis, porque não são apenas grupos de sensações, mas grupos cimentados por um liame constante. É esse liame, e só esse liame, que neles é o objeto, e esse liame é uma relação.

Portanto, quando nos perguntamos qual é o valor objetivo da ciência, isso não quer dizer "A ciência nos faz conhecer a verdadeira natureza das coisas?". Quer antes dizer "Ela nos faz conhecer as verdadeiras relações entre as coisas?".

À primeira questão ninguém hesitaria em responder não; mas creio que podemos ir mais longe: não só a ciência não pode nos fazer conhecer a natureza das coisas como também nada é capaz de nos fazer conhecê-la, e se algum deus a conhecesse, não poderia encontrar palavras para exprimi-la. Não só não podemos adivinhar a resposta como também, se ela nos fosse dada, não poderíamos entender nada; pergunto-me até se compreendemos bem a pergunta.

Quando, pois, uma teoria científica pretende nos ensinar o que é o calor, a eletricidade ou a vida, está condenada de antemão; tudo o

---

* Emprego aqui a palavra "real" como sinônimo de objetivo; conformo-me assim ao uso comum. Talvez esteja errado: nossos sonhos são reais, mas não são objetivos. (N. do A.)

que pode nos dar é apenas uma imagem grosseira. Portanto, é provisória e caduca.

Sendo a primeira pergunta fora de propósito, resta a segunda. A ciência pode nos fazer conhecer as verdadeiras relações entre as coisas? O que ela aproxima deveria ser separado, e o que separa deveria ser aproximado?

Para compreender o sentido dessa nova pergunta, é preciso reportar-se ao que dissemos acima sobre as condições da objetividade. Essas relações têm um valor objetivo? Isso quer dizer: essas relações são as mesmas para todos? Serão elas ainda as mesmas para aqueles que virão depois de nós?

É claro que não são as mesmas para o cientista e para o ignorante. Mas pouco importa, pois se o ignorante não as vê imediatamente, o cientista pode chegar a fazer com que ele as veja mediante uma série de experiências e raciocínios. O essencial é que há pontos sobre os quais todos aqueles que estão a par das experiências feitas podem entrar em acordo.

A questão é saber se esse acordo será durável, e se persistirá entre nossos sucessores. Podemos nos perguntar se as associações que a ciência de hoje faz serão confirmadas pela ciência de amanhã. Para afirmar que isso ocorrerá, não podemos invocar nenhuma razão *a priori*; mas é uma questão de fato, e a ciência já viveu o bastante para que, interrogando sua história, possamos saber se os edifícios que ela ergue resistem à prova do tempo ou se são apenas construções efêmeras.

Ora, o que vemos? À primeira vista, parece-nos que as teorias só duram um dia, e que se acumulam ruínas sobre ruínas. Um dia nascem, no dia seguinte estão na moda, no outro dia se tornam clássicas, no terceiro dia estão obsoletas e no quarto são esquecidas. Mas se prestarmos mais atenção, veremos que o que assim sucumbe são as teorias propriamente ditas, aquelas que pretendem nos ensinar o que são as coisas. Mas há nelas algo que quase sempre sobrevive. Se uma delas nos faz conhecer uma relação verdadeira, essa relação é definitivamente adquirida, e a encontraremos sob um novo disfarce nas outras teorias que virão sucessivamente reinar em seu lugar.

Tomemos apenas um exemplo: a teoria das ondulações do éter nos ensinava que a luz é um movimento; hoje, a moda privilegia a teoria eletromagnética, que nos ensina que a luz é uma corrente. Não investigamos se poderíamos conciliá-las, e dizer que a luz é uma corrente, e que essa corrente é um movimento? Em todo caso, como é provável que esse movimento não fosse idêntico àquele que admitiam os partidários da antiga teoria, poderíamos crer que se justificasse dizer que essa antiga teoria foi destronada. Contudo ainda resta alguma coisa dela, já que entre as correntes hipotéticas que Maxwell admite há as mesmas relações que havia entre os movimentos hipotéticos que Fresnel admitia. Portanto, há alguma coisa que permanece, e essa alguma coisa é o essencial. É isso que explica como vemos os físicos atuais passarem sem nenhum constrangimento da linguagem de Fresnel à de Maxwell.

Sem dúvida, muitas aproximações que julgávamos bem estabelecidas foram abandonadas, mas a maioria subsiste, e parece dever subsistir. E quanto a estas, então, qual é a medida de sua objetividade?

Pois bem, é precisamente a mesma que para nossa crença nos objetos exteriores. Estes últimos são reais na medida em que as sensações que nos fazem experimentar nos aparecem como unidas entre si por não sei que cimento indestrutível, e não por um acaso de um dia. Assim também a ciência nos revela entre os fenômenos outros liames mais tênues, mas não menos sólidos; são fios tão delgados, que permaneceram por muito tempo despercebidos, mas, assim que os notamos, não há mais meio de não os ver; portanto, não são menos reais do que aqueles que conferem realidade aos objetos exteriores; pouco importa que sejam mais recentemente conhecidos, já que uns não devem perecer antes dos outros.

Pode-se dizer, por exemplo, que o éter não tem menos realidade que um corpo exterior qualquer; dizer que esse corpo existe é dizer que há entre a cor desse corpo, seu sabor e seu odor um liame íntimo, sólido e persistente; dizer que o éter existe é dizer que há um parentesco natural entre todos os fenômenos ópticos, e evidentemente nenhuma das duas proposições tem menos valor que a outra.

E mesmo as sínteses científicas, num certo sentido, têm mais realidade do que as do senso comum, já que abarcam mais termos e tendem a absorver nelas as sínteses parciais.

Dirão que a ciência não é mais que uma classificação, e que uma classificação não pode ser verdadeira, mas sim cômoda. Porém é verdade que ela é cômoda, é verdade que o é não só para mim, mas para todos os homens; é verdade que permanecerá cômoda para nossos descendentes; é verdade, enfim, que isso não pode ser por acaso.

Em suma, a única realidade objetiva são as relações entre as coisas, de onde resulta a harmonia universal. Sem dúvida essas relações e essa harmonia não poderiam ser concebidas fora de um espírito que as concebe ou que as sente. Porém são objetivas porque são, irão tornar-se ou permanecerão comuns a todos os seres pensantes.

Isso vai nos permitir retornar à questão da rotação da Terra, o que nos dará ao mesmo tempo a oportunidade de esclarecer o que acabamos de dizer com um exemplo.

7. A rotação da Terra

"... Portanto", escrevi em *A ciência e a hipótese*, "a afirmação 'a Terra gira' não tem qualquer sentido [...] ou melhor, as duas proposições — 'a Terra gira' e 'é mais cômodo supor que a Terra gira' — têm um único e mesmo sentido."

Essas palavras deram origem às mais estranhas interpretações. Julgou-se ver nelas a reabilitação do sistema de Ptolomeu, e talvez a justificativa da condenação de Galileu.

Contudo, aqueles que leram atentamente o volume inteiro não podiam enganar-se. Essa verdade — "a Terra gira" — estava em igualdade de condições com o postulado de Euclides, por exemplo; isso significaria rejeitá-la? Porém, melhor ainda: na mesma linguagem, pode-se dizer muito bem que as duas proposições — "o mundo exterior existe", ou "é mais cômodo supor que ele existe" — têm um único e mesmo sentido. Assim, a hipótese da rotação da Terra conservaria o mesmo grau de certeza que a própria existência dos objetos exteriores.

Mas depois do que acabamos de explicar na quarta parte, podemos ir mais longe. Uma teoria física, como dissemos, é tanto mais verdadeira quanto mais relações verdadeiras evidencia. À luz desse novo princípio, examinemos a questão que nos ocupa.

Não, não há espaço absoluto; portanto, das duas proposições contraditórias — "a Terra gira" e "a Terra não gira" —, uma não é cinematicamente mais verdadeira do que a outra. Afirmar uma negando a outra, *no sentido cinemático*, seria admitir a existência do espaço absoluto.

Mas se uma nos revela relações verdadeiras que a outra nos dissimula, poderemos, contudo, considerá-la como fisicamente mais verdadeira do que a outra, já que tem um conteúdo mais rico. Ora, quanto a isso não cabe nenhuma dúvida.

Consideremos o movimento diurno aparente das estrelas e o movimento diurno dos outros corpos celestes e, por outro lado, o achatamento da Terra, a rotação do pêndulo de Foucault, a giração dos ciclones, os ventos alísios, e o que mais sei eu? Para o adepto de Ptolomeu, todos esses fenômenos não têm qualquer ligação entre si; para o de Copérnico, são engendrados pela mesma causa. Ao dizer que a Terra gira, afirmo que todos esses fenômenos têm uma relação íntima, e isso é verdadeiro, e isso permanece verdadeiro, embora não haja e não possa haver espaço absoluto.

Isso quanto à rotação da Terra em torno de si mesma; o que dizer de sua revolução em torno do Sol? Aqui ainda temos três fenômenos que, para o adepto de Ptolomeu, são absolutamente independentes e que, para o de Copérnico, são relacionados à mesma origem; são os deslocamentos aparentes dos planetas na esfera celeste, a aberração das estrelas fixas, a paralaxe dessas mesmas estrelas. Será por acaso que todos os planetas admitem uma desigualdade cujo período é de um ano, e que esse período é precisamente igual ao da aberração, e ainda precisamente igual ao da paralaxe? Adotar o sistema de Ptolomeu é responder que sim; adotar o de Copérnico é responder que não; é afirmar que há uma ligação entre os três fenômenos, e isso também é verdadeiro, embora não haja espaço absoluto.

No sistema de Ptolomeu, os movimentos dos corpos celestes não se podem explicar pela ação de forças centrais; a mecânica celeste é impossível. As relações íntimas que a mecânica celeste nos revela entre todos os fenômenos celestes são relações verdadeiras; afirmar a imobilidade da Terra seria negar essas relações, portanto seria enganar-se.

A verdade, pela qual Galileu sofreu, permanece portanto a verdade, embora não tenha exatamente o mesmo sentido que tem para o vulgo, e embora seu verdadeiro sentido seja bem mais sutil, mais profundo e mais rico.

8. A ciência pela ciência

Não é contra o sr. Le Roy que desejo defender a ciência pela ciência; é talvez o que ele condena, mas é o que cultiva, já que ama e busca a verdade, e não poderia viver sem ela. Mas tenho algumas reflexões a fazer.

Não podemos conhecer todos os fatos, e é preciso escolher aqueles que são dignos de ser conhecidos. A se acreditar em Tolstoi, os cientistas fariam essa escolha ao acaso, em vez de fazê-lo — o que seria razoável — tendo em vista aplicações práticas. Os cientistas, ao contrário, creem que certos fatos são mais interessantes que outros porque completam uma harmonia inacabada, ou porque fazem prever um grande número de outros fatos. Se estão errados, se essa hierarquia dos fatos que implicitamente postulam não é mais que uma vã ilusão, não poderia haver ciência pela ciência, e por conseguinte não poderia haver ciência. Quanto a mim, creio que eles têm razão e, por exemplo, mostrei anteriormente qual é o alto valor dos fatos astronômicos, não porque sejam suscetíveis de aplicações práticas, mas porque são os mais instrutivos de todos.

Só pela ciência e pela arte as civilizações têm valor. Alguns espantaram-se com a fórmula "a ciência pela ciência"; e contudo ela não é menos surpreendente do que "a vida pela vida", se a vida não é mais que miséria; e até mesmo do que "a felicidade pela felicidade", se não julgarmos que todos os prazeres são da mesma qualidade, se não quisermos admitir que o objetivo da civilização é o de fornecer álcool aos que gostam de beber.

Toda ação deve ter um objetivo. Devemos sofrer, devemos trabalhar, devemos pagar nosso lugar no espetáculo, mas é para ver; ou ao menos para que um dia outros vejam.

Tudo o que não é pensamento é o puro nada, uma vez que não podemos pensar senão que o pensamento e todas as palavras de que dispomos para falar das coisas só podem exprimir pensamentos; dizer que há outra coisa que não o pensamento, portanto, é uma afirmação que não pode ter sentido.

E contudo — estranha contradição para aqueles que creem no tempo — a história geológica nos mostra que a vida não é mais que um curto episódio entre duas eternidades de morte e que, nesse próprio episódio, o pensamento consciente não durou e não durará mais que um momento. O pensamento não é mais que um clarão em meio a uma longa noite.

Mas esse clarão é tudo.

4ª reimpressão, setembro de 2011

Impressão: Imprinta, RJ
Papel da capa: Cartão supremo 250g/m²
Papel do miolo: Pólen bold 70g/m²

Tipografia: Minion, 10,5/13